墨子的人生哲學

——兼愛人生

《中國人生叢書》前言

中國聖賢是一個神聖的群體。他們是思想智慧的化身，道德行為的典範，進取成功的象徵。他們或者以自己的思想學說影響歷史，並構成民族性格與靈魂；或者他們本身即親身創造歷史，留下光照千秋的業績。

但歲月流轉，時代阻隔，語言亦發生文句變化。更不用說人生代代無窮已，歷來學問家詮釋演繹聖賢學說，形成衆多門戶相左的學派，同時又相應神化聖賢事跡。於是，聖賢便高居雲端，使常人可望不可及，只能奉為神明，頂禮膜拜。

然而，消除阻隔，融匯古今，無論學問思想，或者智勇功業，如此二者常常並不是分離的，且必然是人生的，為社會人生而存在的。這就是聖賢學說、智略、勇氣、運籌、奔走、苦鬥，成功的經驗，失敗的教訓，乃至道德文章，行為風範，也體現為一種切實的人生。因為聖者賢者也是人。

這是一種存在，無須多說什麼。但存在對每一個人並不意味著親切，也不意味著自覺。我想聖賢人生與我們這些凡夫俗子的人生加以聯繫。聖賢不正是一個凡夫俗子，經許多努力，經許多造就，才成其為聖者賢者的嗎？

當然還有一個重要方面，時世使然矣，這就是歷經漫漫千年的中古時代，又歷經憂患求索的百年近代，世界文化已在衝擊中國人的生存方式。該如何確立中國人的人生路，我總認為無論是作為一種一脈相承的文化淵源，還是作為一種精神參照與啟迪，都莫如了解中國聖賢人生，莫如將我們平凡的人生從聖賢人生與學說找到佐證，找到圭臬。所謂古人不見今時月，今月曾經照古人。正是由此理解，由此思忖，我嘗試撰寫了《莊子的人生哲學》，問世以來即引起讀者的關注與歡迎。並且成為我組織一套《中國人生叢書》的直接引線。

我大致想好了，依然如《莊子的人生哲學》一樣，一書寫一聖賢人物。我還不揣譾陋，以我的《莊子的人生哲學》為範本，用一種隨筆的文體與筆調，古今結合，史論結合，聖賢人生與凡生結合，我還要求每一位作者對他所寫的聖賢人物，結合自己的人生閱歷對聖賢寫出獨特的人生體驗。我請了我的多位具卓越才識的朋友，他們都極熱心地加盟這套書的寫作，並至順利完成。

現在書將出版了，我需感謝我的朋友們，感謝出版社，希望更多的讀者喜歡他。

揚帆

一九九四年六月八日

目錄

《中國人生叢書》前言 1

話說墨子 1

墨子其人其書……兼愛─貧弱者的學說……多才多藝的巨人

本色─天然去雕飾……墨學的命運……導言─多與少

人生最大的藝術 18

心靈的事業 19

大愛無言……順應自然……理想光輝

心眼兒好壞

他愛使人幸福 29
幸福的鑰匙……他愛的層次……白隱禪師

兄弟朋友 36
兄弟……朋友……交友的原則……熟人與生人
陌生的熟人

衣食父母 49
善待農民……「吃了嗎？」……七種禍患

修身養性 57

順世與逆世 58
寧靜致遠……感謝失敗……本眞自然
多一點平常心　少一點勝負心

君子與小人 69
天有晝夜　人有兩種……虎落平陽……小人戰術
知人知面要知心……觀察要細　心眼要活
苦與樂 82
良藥苦口利於病……有取捨就有完美……以苦爲樂　其樂無窮
自誡 91
與病爲友……與自己作對……與惡人共處
智慧與謀略 102
方寸之間天地寬 103
一讓值千金……情感錯誤……化解……奇蹟的遠與近
城府

機智與愚鈍 115
悟性……智慧……愚人自愚……智者與愚者
使精神更快樂 125
著迷是一種福分……可爲與不可爲……感染即誘惑
輝煌第一
從小處入手 135
丟了西瓜撿芝麻……小心被人當槍使……欺人者必自欺
節約生命 142
尚節儉　重實用 143
實用與實在……勤儉節約則昌……言談

禮教殺人 149

孔子一語破天機……死者與生者……厚葬—害己又害人

喪葬與人道

虛名誤人 158

臭豆腐與罌粟花……邯鄲學步……生活需要瀟灑

彼棄我取

做一個受人尊敬的人 167

人緣……人格魅力……魅力五要素……平等待人

尚賢重才 179

公正即平衡……「人才」不是桂冠……長處與短處

人才即憑藉……滿招損

追求眞知 190
求眞 191
從勤學中求眞……從推理中求眞……從比照中求眞
從懷疑中求眞
規範即自由 205
規範即自由……標準……結果
視角的奧秘 214
爭論……仰視與俯視……平視最難……角度
立身處世的支柱
邏輯的悖謬 226
知識……卜卦先生的荒唐……所答非所問

一陰一陽之謂道 233

戰爭與和平 234

戰爭與和平……防守要訣……平靜

攻伐與誅討 240

可遇不可求……一葉障目　不見泰山……攻伐有罪論

誅討有功論

人生的大道理 250

小事明白　大事糊塗……大道理使人明智……同與異……器與魂

禍福相依 261

轉化……因福得禍……破罐子「經」熬

後記 269

話說墨子

墨子其人其書

墨子名翟，魯國人。
推其生卒年月已不可考，
究其人其事，自稱「賤人」。

墨子名翟，魯國人。具體生卒年月已不可考。根據史書中對他生平事跡零星的記載，可推知其生卒年大致在公元前四六六至公元前四〇〇年間，亦即在孔子之後孟子之前，屬於春秋到戰國的過渡時期。

用現代人的標準看，墨子一生活得很不「瀟灑」。他出身平民，家境並不寬裕。後來他有了名氣後，有很多人追隨，可他卻不懂得利用別人對他的看重來為自己撈好處，而只是與學生們一道穿粗衣，著草鞋，少飲食，日夜不休，以吃苦為樂事，並自稱「賤人」。他既不像孔子那樣擺「聖人譜」，也不像莊子那樣「玩瀟灑」。在他身上，眞正體現出了艱苦樸素、勤奮刻苦的民族精神，而這，正是中國人至今仍在倡導的優秀傳統。

墨子一生做了許多事，其中他從一個儒門弟子，發展到「非儒」，進而自立門戶的獨創墨學，這一歷程便頗耐人尋味。墨子對儒家的不滿，一是禮儀制度的繁縟，二是厚葬重孝的危害。儒家的這兩大弊端，束縛了人性的自由發展，造成了民生的貧困。墨子以人民的要求和意願爲出發點，率先舉起了非難與批判儒家的旗幟，並進而創發出墨家學派以「兼愛」「非攻」爲核心的一些原創性思想。

楚惠王期間，楚國與越國在長江上展開水戰，起初，越國利用下游的有利地勢，擊敗了居於上游因而難以後退的楚軍；後來，公輸盤到楚國，爲楚國創制了「鉤」、「鑲」兩種武器，因而大敗越人。公輸盤在墨子面前自誇鉤鑲的靈巧，並諷刺墨子說：「我舟戰有鉤鑲，不知子之義亦有鉤鑲乎？」墨子雖以「我義之鉤鑲，賢於子舟戰之鉤鑲。」作答（《魯問》），但這促使他意識到，光有「兼愛」、「非攻」的道理是不能抑止侵略者的野心的，還必須同時採取以實力防禦對抗侵略的措施。從此以後，墨子花費了大量精力研究防禦理論和防禦器械，並組織起一支組織嚴密，既授業修行，又迎敵作戰的隊伍。墨子所有這些表現，無論作爲思想境界，還是作爲一種行爲風範，在先秦諸子中都是獨樹一幟的。

關於墨子的生平事跡，我們知道得詳細一點的是《公輸》中「止楚攻宋」的故事。墨子聽說楚國將攻打宋國，隻身赴險，從魯國出發，行十日十夜趕到楚國，先以道理說服楚王不要攻宋，又與公輸盤進行攻、防演習，盡數挫敗公輸盤攻城的各種器械，公輸盤攻城的器械已用完，而他守城的器械還有餘。爲防止楚王不講信義，他事先將三百弟子安排在宋城之上，以迎戰楚軍。楚王見軟硬兩手都被墨子封死，只好打消了攻宋的念頭。墨子的智勇雙全在此得到了充分的體現。

《墨子》一書，是墨子言行的忠實紀錄。此書原有七十一篇，流傳至今的有十五卷五十三篇，大體可分爲四部分：

經說 即今人所謂之「墨辯」和「墨經」。這個部分中包含的邏輯思想和邏輯體系，在人類邏輯思想發展史上，可與相媲美者惟有亞里斯多德的邏輯學，印度因明論，卓越的貢獻不待言。

論說 系統表現了墨子對社會人生的看法和觀念，閃現著一個傑出的平民思想家的風采。

墨語　記錄了墨子和外界辯說時的一言一行，是墨子思想的具體體現。

戰備　集中反映了墨子怎樣把科學知識應用到軍事防禦方面，是古代軍事史上極爲珍貴的史料。

兼愛——貧弱者的學說

「兼愛」是墨子思想體系的核心；是他對社會人生的種種觀點和態度，其言論和行動均由此衍生。

古往今來，「愛」興許是使用頻率最高的一個字眼，但像墨子這樣，眞正站在弱小者的立場上，以自苦自律的精神來倡守愛、實行愛，卻又非常罕見。

兼愛，就是人與人之間要互相理解、寬容、平等，強大的不要欺侮弱小的，聰明的不要欺侮愚笨的，富裕的不要欺侮貧困的。在諸侯兼併，兵荒馬亂的時代，貧苦百姓妻離子散、流離失所，沒有生的希望，只有死的威脅，弱小的諸侯國家則是強大的諸侯國家的囊中之物，朝不保夕。墨子倡導「兼愛」的根本出發點，正是爲了阻止「強劫弱，衆暴寡，詐謀愚，貴傲賤」（《天志中》）的暴虐行徑，使弱小的諸侯國家能擺脫滅亡的厄運，使受欺壓受淩辱的人民能過上平安幸福的生活。

出於這樣爲貧弱者代言的動機，墨子的「兼愛」學說總是著眼於實際的利益，要讓每個人能夠得到看得見、摸得著的好處，實現「飢者得食，寒者得衣，勞者得息」的目的（《非命下》）。他說：「小國城郭之不全也，必使修之；布粟乏絕也則委之；衛帛不足則供之。」（《非攻下》）這就是「兼相愛，交相利」的道理。顯然，以「兼愛」爲號召，眞正得利的是貧困的民衆和弱小的諸侯國家。

「兼愛」思想是以人格平等爲前提的，君臣也好，父子也好，強弱貧富也罷，在人格平等的基礎上才能眞正做到相親相愛；「兼愛」的主體是貧困弱小的一方，也就是廣大的黎民百姓。這樣，墨子的「兼愛」思想就大大地突破了孔子以血親宗法本位爲核心的，等級森嚴的「仁愛」學說，閃耀著人民性的光輝。

「兼愛」既然是貧弱者學說，那麼，它對一切欺壓民衆、巧取豪奪、荒淫腐朽的行徑等都持揭露、譴責和批判的態度，這就將它與所謂「泛愛衆」的抽象說教區別了開來。對那些恃強凌弱的人，非但不能講「兼愛」，而且要揭開本來面目，指爲罪人，要麼說服之使其棄惡從善，說服不從，則須以強力懲罰之。故「兼愛」不是「亂愛」，而是有原則、有目地的愛。即使在貧弱的一方，爲了整體的利益，爲了使更多的人免遭災難，犧牲局部利益也是應該的。在墨子看來，邪惡得不到懲處，「兼愛」的理想便最終難以實現。

多才多藝的巨人

在燦若群星的先秦思想巨子中：
墨子是既入乎其內，又超乎其外的。

在燦若群星的先秦思想巨子中，墨子是既入乎其內，又出乎其外的。入乎其內，是說他與眾多聖賢一道，展開思想的砥礪和交鋒，共同創造了百家爭鳴的繁榮局面。出乎其外，是說他從不是一個單純的思想者，在先秦諸子普遍輕視下層體力勞動者的情況下，他卻始終不脫離生產實踐和科學實驗活動，並在力的作用、槓桿原理、光線直射、光影關係、針孔成像、點線面體圓概念等眾多領域有深刻認識和發明創造。他突破了大多數思想家局限於人文科學的思考範式，將社會意識與自然規律作綜合一體的觀照，因而，他的政治觀點和學術思想，打上了深深的下層勞動者的印記；同時，也形成了他獨具特色的智能結構和人格魅力。

墨子是一個手藝精湛的匠人，頃刻之間，削三寸之木，能製成一個載六百斤重的車軸。他研製的木鳶，能夠在天空中飛翔，令他的學生們讚嘆不已。墨子又是一個出色的社會活動家和軍事戰略家，墨家學派與其他學派的不同，就在於它有著更加嚴密的組織程序和紀律要求，弟子們平日裡學習談辯、說書、從事三科，戰時則是一支召之即來、來之能戰的隊伍。在墨子的統帥下，墨家學派既是一所強調實踐和獻身精神的流動性學校，又是一個紀律嚴明、作風頑強的政治軍事團體。

在墨子生活的時代，像他那樣擁有如此廣博的知識、多方面的建樹和熟練的手工技藝的人，幾乎是絕無僅有的。用現代的話說，墨子是一個集思想家和科學家於一體的全能型知識分子。

所謂全能，也就是一專多能。既有切入生活、認知社會、觀察世界的獨特視角，但又不限於這一視角；既能夠在意識形態方面給社會以深刻廣泛的影響，又能親身參加社會實踐活動，洞悉自然的道理和宇宙的變遷。單純在社會意識形態的圈圈內打轉的人，無論其思想認識有多麼深刻，在思想史上的地位有多高，都不能稱之為全能型人才的。

由此可見，全能型人才必定是人格健全的人。他不會因偏好一隅而失去對世界整體性的把握，不會因爲缺乏多方面的知識和營養而使自己的性格成畸形發展，不會因爲遠離實際生活而變成百無一用的「書呆子」。在墨子身上，我們絲毫看不到在一般知識分子身上常見的酸氣、迂氣和狂氣。所以說，墨子的人生態度和處世哲學，對我們而言不僅僅具有行爲操作上的意義，而且，它讓我們懂得，如何去培養自己健全的人格和健康的心理，比掌握處世的策略和技巧，更爲重要。人的生活目的，就是要將被社會扭曲的人性恢復過來，向著更加健康、全面、完美的方向發展。

本色——天然去雕飾

孫治讓以為：墨子「質而不華，務申其意，而不馳騁其辭。」

讀《墨子》，我們會感到墨子寫文章和他做人一樣樸實無華。墨子的文章不像莊子那樣汪洋恣肆，也不像孔子那樣擺聖人架式，以衛道者自居。平實、簡

潔、自然，是墨子文章的基本風格。故孫治讓說他「質而不華，務申其意，而不馳騁其辭。」（《墨子間詁》）

不要指望從墨子那裡獲得什麼警句和格言，他只是將他思考的一切如實地告訴給讀者。這是否可以說墨子及其弟子文化水準低，寫不出典雅華麗的語句呢？不是。墨子文風與他的寫作目的及人生目的都是相關的，磨幾句妙語以傳之後世，這不是樸實的墨子所願意做的。

《韓非子·外儲說左上》中記載，楚王問墨家弟子田鳩說：墨子是著名學派的領袖，他努力實踐自己的學說主張是很行的，可是他的言論卻無文彩，這是爲什麼？田鳩在講了「秦伯嫁女」、「楚人鬻珠」兩則寓言之後說：墨子的言論，是宣傳先王之道，論述聖人之言，要把它們明白地告訴人們，假如巧飾其辭，人們就會留意於它的文辭，而忘掉了思想上的作用，正像兩則寓言告訴我們的那樣。

從寫作理論上說，墨子的觀點不能說沒有偏頗，華而不實固然要不得，但必要的藝術形式卻可以使文章富有感染力。墨子文風的純樸，實在是其處世原則的一種表現。

墨子胸懷天下，「以繩墨自矯而備世之急」，以克己利人的精神來改造當時的社會，保護弱小者的利益。他是用非常苛刻的標準來要求自己和他的弟子們的。

對於個人，他要求以苦爲樂，儉樸自奉；對於社會，他倡導節用節葬。一切生活器用以「低標準」和「切合實用」爲原則，如：衣食能溫飽即可、房屋能避風雨即可、舟車能使用即可，過分的裝飾都是應該廢除的……等等。像這樣一種克己實用的人，不可能設想他在文章裡會追求華麗的詞藻、浪漫的情調和綺靡的文風，去雕飾，戒浮躁，少僞裝，以邏輯嚴密，質樸本色爲標準，便顯得自然而然了。

文如其人，墨子以他的爲人和爲文爲後世作出了表率。

墨學的命運

韓非子以為：「世之顯學，儒墨也。」

惟墨學的悲劇命運，既有他自身的原因存在，又有其社會歷史原因。

墨家學派曾有過輝煌的時光。韓非子曾說：「世之顯學，儒墨也。」（《韓非子·顯學》）將儒學與墨學相提並論；孟子在他的著作裡常以刻薄的語言非難墨家，從反面證明了墨子作爲儒家最大的反對派已獲得與孔子並駕齊驅的顯赫地位。

然而，到了秦漢之交，墨家已急趨衰微，墨子的影響日漸減小，以至於《墨子》一書幾度散失，至今仍有多篇失佚。隨著歷史的發展，儒家如日中天，道家後來居上，「儒道互補」成爲中華文化的基本結構，墨家卻無可奈何地被擠出了中華文化之河的主航道。

這是爲什麼？

探討這一重大問題，顯然不是本文所能勝任的，但這一問題的提出又是絕對必要的，引人深思的。筆者只能提供一點自己思考的線索，給讀者留下一個意味深厚的話題。

墨學的命運悲劇，既有他自身的原因，又有社會歷史的原因。

墨子以「非儒」起家，反叛不平等的現有秩序和各種侵略行徑，成爲貫穿他的整個學術思想和社會活動的一條主線。他總是無保留地站在弱小者的一方，成爲社會既得利益集團最大的思想障礙。他反對將寶貴的生命虛度在漫長的服喪期內，讓每個人多做有益於社會的事情；他反對王公大臣養三妃六妾，讓天下的女子享受人間的幸福；他反對以武力脅迫對方，殃及廣大無辜百姓……等等。正因爲此，歷史上必然地有那麼一部分占盡便宜的人懼怕他，嫉恨他，甚至詆毀他。而儒道兩家，客觀上又以進退二種互相依存的形式成爲社會意識的基本形態，並歷久不衰地形成民族的精神傳統。這樣，墨家的平民意識，實行中的忍苦精神，終於也隨同封建大一統中平民的命運，變得「大音稀聲」了。

另一方面，中華文化的特質是一種人倫文化，熱愛自然、關心物質運動的人被劃入「勞力者」階層，這種近乎本能地看輕自然科學的意識是中華文化的主要弊端。所以，中國歷史上，自然科學家很少有崇高的地位。墨子懂得太多的自然的道理，這不能不說是中國古代史上的一個奇蹟。無論是循規蹈矩的儒生，還是浪漫超然的道者，都不過是求得一己的安寧和自我形象的完善，唯墨子能夠眞正擺脫各種社會勢力的糾纏和引誘，從力學、光學、幾何學、邏輯學等廣泛的知識領域去把握生命的本來含義，認知世界的眞相，從而形成尋求眞知，注重實踐、自立自強的可貴品格。然而，在特定的時代，這對墨學又都注定不是福音。墨學的沉寂，實乃中華文化犯的錯誤。

我們現在走向墨子，靠近他的思想、性格，傾聽他沉潛舒緩的低訴，我們將頓悟生命中的大智慧，洞見歷史深處的大光明，獲得對自身及周圍世界別樣的感受。因爲，中華民族已經走到了一個全面認識社會，全面認識自然的時代，於是，墨學便須刮垢磨光！

導言——多與少

人世間的活動無始無終、無窮無盡，惟概括起來則再簡單不過了，意即：少什麼補什麼，多什麼減什麼。

少什麼呢？

少財富。

於是，一代又一代，世世代代地創造財富，又叫創造物質文明。

少友愛。

於是，人們不斷地呼喚愛，尋找愛，數千年如一日。友愛，又可稱爲人的精神需求。

多什麼呢？

多災難。

自然的災難，社會的災難，沒完沒了地威脅著人類的安全，讓人類不敢有片刻的疏忽大意。

多仇恨。

人類共處，怨恨難免。消除怨恨，是人類夢寐以求的理想。

財富和友愛人人喜歡，災難和仇恨人人討厭。

然而，少的永遠少，多的永遠多。

財富友愛再多也是少，災難仇恨再少也是多。何況，現實生活中，財富友愛並不算多，災難仇恨卻不見少。

增補少的，減去多的，是代代相襲的主題。

明瞭缺少而努力去增添，知曉多餘而努力去削減，這就是人的智慧。

該補時補，該減時減，這就叫自然。顛倒了，違背自然法則，就叫聰明反被聰明誤，搬石頭砸自己的腳。

人生最大的藝術

心靈的事業

現在天下的君子，內心確實想要天下富足，而討厭天下貧困；希望天下治理，而憎恨天下混亂，就應當同時相愛，交互得利。這是聖王的法則，天下的治道，不可不努力去實行呀。

——《墨子‧兼愛中》語譯

「愛是心靈的呼喚，愛是無私的奉獻。死神也望而卻步，幸福之花處處開遍。」

＊　＊　＊　＊　＊

「只要人人都獻出一點愛，世界將變成美好的人間。」

＊　＊　＊　＊　＊

一首時下的流行歌曲，唱出了愛的美好，唱出了人對愛的無所不在的需要與渴求。

大愛無言

人與人之間，村與村之間，族與族之間；無遮蓋、無保留、無算計、方可言愛。

人是群體的動物。

走在熙熙攘攘的人流中，人們倦於交談，穿行於漫漫戈壁和莽莽森林，人們很想與人說話，人必須交流和溝通，這就是人的社會性。

社會分解爲一個個單個的人，單個人只是人的一半，人的另一半在群體中。人在社會中互相尋找，互相依存，互爲前提。找回另一半，是人生在世始終如一的目標。

有的人尋找到了，有的人終生都沒尋找到。尋找到的人很安詳很幸福，他們以喜劇的方式表現出生命的悲劇；沒有尋找到的人很執著和充實，他們以悲劇方式表現生命的喜劇。

在一個弱者面前，同情是人的本能。聽人講述一個棄嬰悲慘的故事，所有的人都會眼睛發澀、鼻子發酸。這時人已淡化了職位、性別、年齡的界線。當這種界線愈分明，愛越少；當這種界線愈淡薄，愛越多。

文明是一種僞裝。文明製造出等級、制度、道德、法律，文明使人的情感變得精細，同時，又使它變得眞假難辨。

愛是眞理。眞是赤裸裸的。男人與女人之間，朋友與朋友之間，長輩與晚輩之間，村與村之間，族與族之間，無遮蓋、無保留、無算計，方可言愛。

古人說，最大的聲音是聽不到的聲音，最大的形體是看不見的形體。

這話聽起來有些玄妙，但用在愛上就好把握了：最至高無上的愛盡在不言中。

順應自然

不要太相信智慧。

智慧是末，不是本。本是人所共通的一種默契、一種無需表達的語言、一種自然狀態。

冬天大雪飄飄。財主將長工關在冰冷的破屋子裡。長工寒冷難耐，便推磨取暖。財主早晨一起床便見長工大汗淋漓，大爲驚詫。長工告訴他，自己身上穿的這件破舊的單衫是件能發熱的衣服，天愈冷衣服愈熱。財主想方設法從長工手裡騙來了這件破衣服，穿著它高高興興到朋友家去誇耀，沒走多遠，便感覺奇冷難耐，最後凍死在半路上。

這個故事並不幽默。人習慣於做一套說一套，以為智慧可以用來行騙，結果卻自投羅網。這眞是人性的悲哀。

不要太相信智慧。智慧是末，不是本。本是人所共通的一種默契，一種無需表達的語言，一種自然狀態。

當一種東西，你領悟不出、感覺不到時，便不要強迫自己去領悟、去感覺。本不屬於自己的東西，強迫是無濟於事的。得到了，是該得到的，得不到，本不屬你所有。

花適時而開，草適時而長，人適時而出。人生顯耀，不是個人有天大的能耐，而是衆人拾柴火焰高；人生雖淡泊，卻同樣是生命的輝煌。

視野開闊、胸懷博大的人，心中裝得下宇宙洪荒、萬事萬物。翻江倒海的人間巨變、滄海桑田的自然運作，都只不過如同人的呼吸一樣的平常。

人是自然之子。熱愛自然的人必順應自然。

古人說，人是泥捏成的。女媧用泥巴捏成一個個團團，用氣一吹，便成了人。

這話精彩之極。

人從泥土中來，泥土中長出人所需的食物，人死後又在泥土中掩埋，大地以寬厚仁愛的胸懷包攬了人的一切。

將全部的身心投進自然中去，關切自然，體貼自然，思考自然，改造自然，人便在這個過程中獲得了與自然的交融和同一。不要總想到從自然中獲取，而應多想想該給自然怎樣的回報。

做人的道理不僅存在於人群當中，而且存在於人與自然的關係中，從自然的角度反觀人的言行舉止，一切疑難困惑便迎刃而解了。

從自然中求眞是人的使命，這便是科學和科學精神。厭惡自然或把玩自然的人，是科學的門外漢，終會爲自然所棄。

人類的一切進步，都有賴於科學的推動。能爲科學而獻身，能對自然的規律有所認識和發現，那就叫幸福。

理想光輝

多一份愛，就多一份信任、理解和寬容；
少一份恨，就少一份仇視、爭鬥和罪惡。

墨子生活在二千多年前的春秋戰國時代。

他面對著巧取豪奪、燒殺掠搶的現實社會而憂心忡忡。他告訴人們不要相互仇恨，而應相互友愛，和平共處。他認爲：

- 人與人相親相愛就不會你爭我奪，互相傷害。
- 兄與弟相互愛護家庭就會和睦。
- 父與子相互親近就必然又慈又孝。
- 君主與臣民相互信任就必然又惠又忠。
- 國家與國家相友善就會消滅戰爭，天下太平。

•多一份愛，就多一份信任、理解和寬容；少一份恨，就少一份仇視、爭鬥和罪惡。

然而，現實依然故我。愛不見增多，恨不見減少。墨子的話錯了嗎？沒錯。

道理永遠替代不了（也不用替代）現實。道理是一種判斷、一種原則、一種倡導、一種對現實的介入。

現實中的友愛很少，衝突和紛爭卻時常發生，因而，人們便有了對愛的要求、渴望和期待。此即爲理想。

有理想的光輝照耀，人的生活才會有動力，有信心，人類才能得到發展，一步一步地走向更加美好的明天。

心眼兒好壞

愛，是自己心理的事，是對自己的一種要求。

墨子有個學生叫巫馬子，巫馬子率眞好學，常向墨子提問題。

巫馬子問他的老師說：

「你倡導兼愛天下，沒得到什麼益處；我不愛天下，也沒什麼害處。功效都沒達到，先生爲什麼只認爲自己正確，認爲我不正確呢？」

墨子很會說話，他反問道：

「假如有三個人，一個人放火，一個人捧水要澆滅它，一個人拿火苗將要助燃，都沒做成，這二人你看中哪一個？」

巫馬子不知是計，說：

「我以爲捧水的人意圖是正確的，那拿火苗的人用意不對。」

墨子說：

「現在你該明白了，我兼愛天下的主張是正確的，你不愛天下的用意是錯誤的。」

巫馬子無言以對。

好心辦一件事，辦成了，自然是大好事；沒有辦成，用心也值得稱讚。而有心將事情辦壞，儘管也沒辦成，但用心何其毒也。若保持邪惡的用心不改，那麼，遲早要把事情辦壞。

兩個人在小河上架橋，一個想把橋架設得牢固耐用，讓過橋的人平穩安全；另一個表面好好架，私下卻設了機關，想讓橋不久後垮掉，好讓人過些時又來請他架橋。從表面上看來，兩人都在架橋，都在做好事，但用心卻不同，一個坦蕩正派，一個心懷鬼胎。心術不正的人遲早會被人看破，這種人睡覺就會做噩夢。

心眼壞的人總是懷著僥倖心理，總想蒙騙過關。然而時間是最公正的法官，無論是善良與邪惡、崇高與卑劣，它都看得淸淸楚楚。

有兼愛天下、關懷他人之心，也或許並不能時時處處讓人感受到你這份美好的心意，亦或許並沒有人說你的好話，也許還會有人誤會你、責怪你，這都不必計較。因爲，愛，是自己心裡的事，是對自己的一種要求。當你撿了個錢包交還給失主，失主卻敲鑼打鼓張貼感謝信在你門口，這只能讓你感到難受。

他愛使人幸福

愛人，必須是普遍地愛所有的人才算是愛人；不愛人，卻不一定要所有的人都不愛才算是不愛人。不遍愛所有的人，不能算是愛人。

——《墨子・小取》語譯

愛人不是為了名譽，就像旅舍一樣，是為了利人。愛別人的親人如愛自己的親人，就像急官事如家事一樣，沒有公私之分。

兼愛人並不把自己排除在外，而是自己也在所愛之中。

——《墨子・大取》語譯

幸福的鑰匙

能夠領悟到自愛與他愛的奧秘，便有了打開幸福之門的鑰匙。

其實最簡單的道理往往隱含著最玄妙的人生哲理，最淸楚明瞭的事實常常最易使人混淆。

人生而有一種自我保護的本能，渴了就想喝水，餓了就要充飢；在社會生活中，一事當前，知道如何替自己打算，懂得如何左右逢源使自己免受傷害，甚至可以保全自己而出賣旁人、出賣國家和集體利益。這種行爲不是自愛，而是自私。

把自己看得比一切都重要，除了自己之外什麼都不愛，表面上是愛自己，實質上是害自己。

自愛，應是樹立自己美好的形象，讓社會確認你的可親可愛，就促使自己的身心得到健康、豐富、完美的發展，就是使自己的人生過得絢麗輝煌。

所以，自愛不是自個兒的事，自愛完全不等於獲取私人利益。眞正的自愛者，有時會捨棄個人利益，甚至不惜犧牲自己的生命。

一個大富豪，家財無以數計，但精神空虛無聊，厭世棄世卻不知自救，能說是一個自愛者嗎？

一個物質上的淸貧者，但卻爲社會做出了突出的貢獻，以奉獻爲己任，或是提出了著名的思想學說，或是有了不起的科學發明，他心裡充實，精神振奮，但過度勞苦使形容消損，這樣的人能說他不是一個自愛者嗎？

掌握自愛的藝術，少不了明白他愛的道理。

他愛，是對自愛的補充、延伸，觀照和提昇。沒有他愛，自愛便是不完整的，有缺陷的。自愛與他愛，統一於人的愛心之中。

官威赫赫的人，富甲一方的人，名氣很大的人，容易因自以爲不可一世而失去愛心。他們聽慣了奉承話，看慣了笑臉，以爲只需衆人愛他，而他無需回報。這種人最可憐。他必定爲衆人所棄，成爲孤家寡人。

貧困可以導致高尙，也可以走向墮落，使愛心扭曲。自己貧窮，不是發憤努力，創造財富，而是指望別人也窮，想方設法占別人的便宜，甚至對社會持仇恨、敵視的態度。這種人不明事理，稀里糊塗，到頭來人財兩空。

他愛的層次

無論是顯貴一時，還是默默無聞，無論是窮人還是富人，對愛心來說，那又有什麼關係呢？

他愛有不同層次的表現：

對自己生活周圍的人富有愛心，如親戚朋友、鄰居街坊、同事，他們與自己都有著千絲萬縷的聯繫，對他們懷有同情和關切之心，能夠使自己的生活環境融洽、祥和、溫馨。這是他愛的第一個層次。

能夠對與自己不相關的人和事產生興趣，並樂意盡力相助，這是他愛的第二層次。有人落水了，趕快下去搶救；有房子失火了，趕快衝進去抱出啼哭的嬰兒；遇到流氓鬧事，能夠見義勇爲，主持正義；很遙遠的地方受到災亂了，捐獻一點財物表示心意……等等。在這裡，他愛就是一種社會公德之心。

更有境界的人，對自己所屬的民族、國家，對共生於這個地球的各個種族、各個國家滿懷著熱情，關心國際國內發生的大事，就像關心鄰居發生的事一樣。中國女排得了世界冠軍，你能不興高采烈嗎？中國足球輸了球，你能不焦急不安嗎？這是他愛的第三個層次。

大智大慧之人，不僅具有上述的三個層次，而且能夠超越對具體事物的愛心而上升到對人類命運的終極關懷，能夠對漫漫歷史之河給予沉靜的思索和持久的注視。儘管人的生命有限，但這種大愛者將其愛心融入進綿綿不斷的生命長河，因而使有限的生命獲得了一種永恆的輝煌。

這是眞正的生命之愛。大愛者無時無刻不可以體驗到一種難以言喻的熱流通遍全身，體驗到自己與自然，與人類的互親和互愛。

在人類大家庭裡，每個人都是其中一份子，愛與被愛、自愛與他愛都是互相的，沒有天生的高低貴賤之分，聰明人懂得，愛心是自己的事，是使自己生命充實而有光彩的需要。無論是顯貴一時還是默默無聞，無論是窮人還是富人，對愛心來說，那又有什麼關係呢？

愛心使人善良、明智、聰慧。富有愛心，是人生的大幸福。

白隱禪師

白隱禪師：

一位生活純潔的聖者。

白隱禪師一向受到鄰居的稱頌，說他是位生活純潔的聖者。

有一對夫婦，在他附近開了一家食品店，家裡有個漂亮的女兒。無意間，兩夫婦發現女兒的肚子無緣無故地大了起來。

這事使她的父母頗爲震怒，追問來由。她起初不肯招認那人是誰，但經一再苦逼之後，她終於說出了「白隱」兩字。

她的父母怒氣沖沖去找白隱問罪，但這位大師只有一句答話：「是這樣嗎？」

孩子生下來後，就送給白隱。此時，他的名譽雖已掃地，但他並不介意，每天非常細心地照顧孩子，向鄰居乞討嬰兒所需的奶水和其他用品。

事隔一年，這位沒有結婚的媽媽再也忍不下去了，她終於向她的父母吐露了眞情：孩子的親生父親是在魚市工作的一名青年。

她的父母立即將她帶到白隱那裡，向他道歉，請他原諒，並將孩子帶回。

白隱在交回孩子時輕聲說道：「是這樣的嗎？」

這位白隱大師是很富有愛心的，但還不能說會愛。他本可以在恰當的時候用恰當的方式向受騙女子的父母陳述事情的原由，使眞相大白，但他沒有這樣做。他選擇的這種甘願受過的方式：一方面掩蓋了事實眞相，另一方面還給年輕女子和她的父母帶來愧疚和懊悔，讓他們覺得傷害了一個好人，這種精神負擔肯定是這位仁慈爲懷的禪師所不願看到的。悟道如禪者況且不能自以爲完全掌握了愛的藝術，我們這些凡俗之輩，在面對「愛」這個字眼時，不更應該謙虛謹慎一些嗎？

兄弟朋友

人與人之間的仁愛，不應該有功利的目的，就像人人都愛自己一樣有真心，而不能像愛馬一樣，其目的是為了使用馬。

——《墨子‧經說上》語譯

人與人之間互相殘害，君臣之間不仁惠忠誠，父子之間不慈愛孝敬，兄弟之間不和睦協調，這就是天下之害。

——《墨子‧兼愛中》語譯

人倫在中國至高無上，它是一種社會秩序，又是一種人際關係。處理好它實在不易。

兄弟

一個人是否善於處理兄弟關係，便最能檢驗一個人的胸懷和度量。

說起兄弟，人們常常就聯想到親親熱熱，所謂「兄弟如手足」，因而，兄弟常用來形容人世間最眞摯的關係。其實，這只是問題的一面；另一面是，兄弟之間的爭鬥，大至江山社稷，小至眼角眉梢怨氣，古往今來，從未間斷過，其手段之毒，下手之狠，絕不亞於異族異姓之間的搏殺，甚至還有過之而無不及。

兄弟是一根藤上的瓜，一顆樹上的果，血緣關係把他們先天地連在一起，正因爲離得太近，親熱和怨恨便都容易發生。

一母所生，父母自然會平等待之，兄弟姐妹之間也就以要求平等來獲得一種心理上的平衡。

老大買了一件新衣服，則必須給老二、老三也買；分糖吃，老么十顆，老大老二也要是十顆。這中間若有稍微的偏差，就會產生矛盾。父母留下遺產，兄弟姐妹，平均分攤，這叫十個指頭一般齊，手背手心都是肉。弄得不好，就會翻臉。

因此，一個人是否善於處理兄弟關係，便最能檢驗一個人的胸懷和度量。兄弟之間不和的人，往往度量小，私心重，缺乏修養。過分在兄弟間斤斤計較，擔心別人占便宜，這種人絕對目光短淺，不會有大出息。

父母給你什麼，給你多少，與兄弟們是否一樣，那是父母的事。如果父母留給你的東西少些，說明他們認爲你是兄弟中最有能力的，你可以靠自己掙得自己想要的一切，多分一點給兄弟們，那是一種美好的愛心。

兄弟是人生的伴。成家後，人生的伴是自己的丈夫或者妻女；成家前，則是自己的兄弟。同在一口鍋裡吃飯，同在一個盆裡洗澡，同在一張床上睡覺，同在一盞燈下讀書。當兄弟之情成爲一種回憶時，無論是歡笑還是哭鬧，都充滿了甜蜜的溫馨，讓人好感動好感動。沒有兄弟姐妹的人生，該失去多少歡樂啊！

兄弟多有時卻也很糟。這種糟有幾種情況：

只講義氣不講道理　仗著自己兄弟多，勢力大，明知是自家兄弟的錯，卻還要幫著兄弟去欺侮對方；明知自己兄弟殺人放火卻還要包庇窩藏。這是最要不得的，到頭來是既害了自己，也害了自家兄弟。

兄弟之間爭權奪利　相互攻擊。兄弟一多，家族內的利益就很難均攤，於是總懷疑自己吃了虧，懷疑兄弟姐妹們占了便宜，便在要求平均公正的幌子下想方設法、挖空心事為自己多撈一把。中國歷史上，為爭奪王位兄弟之間反目為仇，相互殘殺的事屢見不鮮，血流成河，可見禍害之深。

靠兄弟，吃兄弟，死皮白賴　有一類人自己不努力，有了幾個有頭有臉的兄弟便沾沾自喜，彷彿是自己的功勞。沒吃的了，住在兄弟家裡吃；沒穿的了，拿兄弟的衣服穿。有這麼多親兄弟，能讓我餓死嗎?這種人自甘墮落，卻還心安理得。

上述種種，往輕處說，是不明事理，不曉得珍惜兄弟情誼；說重點，是私心作怪，不通人性。

有私心就不會有愛心，沒有愛心，哪來兄弟的情誼？

當你想起兄弟二字時，你應該想到，兄弟即是關懷，即是體貼、即是寬容、即是愛護、即是一種責任心。不要擔心你付出的愛得不到回報，倘若你一直眞心誠意地愛著你的兄弟，你終將明白，你得到的比你想像的要多得多。

朋友

不要過多地打探朋友的隱私，不要嫉妒朋友還有另外的朋友，不要因交朋友而失去自己的本性。

人生一世，可以沒有金銀財寶，可以沒有高官厚祿，可以沒有千古英名，可以沒有蓋世才華，但不能沒有朋友。沒有朋友的人生，絕對是孤獨無聊的人生。中國人善交朋友，關於朋友的格言警句數不勝數，如，多一個朋友多條路，少一個朋友路難行；在家靠兄弟，出門靠朋友；見面是朋友。等等。

朋友是瞭望社會的窗口，朋友多，窗戶就開得大，室內就會陽光明媚。打開通訊錄，那上面記著一大堆朋友的名字、地址、電話，看一眼就感到親切。樂了，煩了，悶了，都會想到找朋友聊一聊。

有一時的朋友，有一世的朋友；有泛泛而交的朋友，有親如兄弟的朋友。一時的朋友不要要求做一世的朋友，一世的朋友是可遇不可求的。

善交朋友的人，會有許多朋友，他生活在朋友的溫情之中，這種人人緣好。不善交朋友的人，往往會有一、二個密友、知己，這種人活得怡然自得。

知心朋友就是知己、知音。擁有這樣的朋友，是人生難得的幸福。

誰都知道俞伯牙摔琴謝知音的故事。伯牙彈琴，音調高昂激越，砍柴人鍾子期聞聲駐足，嘆道：「巍巍乎高山。」伯牙又奏出奔騰迴盪的旋律，鍾子期說：「潺潺兮流水。」兩人於是成爲知音。後鍾子期死後，俞伯牙摔斷琴弦，從此不再彈琴。

這個故事告訴我們一個道理：眞正的朋友是你生命中的一部分，他（她）已融進你的軀體，化爲你的血肉，他就像你的影子，你能從他身上看到你自身。

會交朋友的人，不僅知道哪些人該交朋友，還知道哪些人不能交朋友。

管寧和華歆一起在菜園中鋤草，看到一塊金子，管寧照舊揮動鋤頭，把金子看得同瓦石沒有兩樣，華歆卻拾起金子欣賞半天，然後才扔到一邊。他們又曾經同坐在一張席子上讀書，有個坐著車、戴著禮帽的顯貴人物從門口經過，管寧照舊讀書，華歆卻放下書本，走出去看。管寧就割裂席子，把座位分開，對華歆說：「你不是我的朋友。」

此所謂道不同，不與爲謀。管寧是深知朋友要義的：

- 貪圖財物、見錢眼開的人不能交爲朋友。
- 愛慕虛榮、追求顯耀的人不能交爲朋友。
- 度量小、心眼窄的人不能交爲朋友。
- 對任何人都不說眞話的人不能交爲朋友。
- 不尊重老人和小孩的人不能交爲朋友。
- 當面說好話，背後使絆子或專在主事者面前打小報告的人不能交爲朋友。

朋友其實是對生活的一種選擇，選擇什麼樣的朋友，常常預示著你選擇什麼樣的人生觀。一個人的朋友如果都好行仁義，作風正派，爲人熱情，勤勉努力，那麼這人必定不錯；如果他的朋友大都喜歡誇耀，愛搞陰謀詭計，不思進取，那麼這人遲早會犯錯誤。

朋友就是朋友，他不能替代你，你也不能代替他。尊重朋友就是尊重自己。不要過多地打聽朋友的隱私，不要嫉妒朋友還有另外的朋友，不要因交朋友而失去自己的本性。

交友的原則

交友的原則：

一是誠實、二是理解、三是信任。

交朋友要掌握好幾個基本的原則：

誠實　朋友之交，最怕虛情假意，你待朋友虛僞，朋友嘴上不說，心裡已沒有把你當朋友看了。一是一，二是二，坦誠相見，無論地位如何懸殊，年齡差距有多大，都可以成爲好朋友。

理解　凡人都有性格，有性格就會有差異；理解，就是消除差異的方式。朋友怎樣做怎樣說，總會有他說和做的道理，首先是想清楚這個道理，然後再決定贊同或是反對。理解朋友，朋友並不能從你這裡得到什麼實惠，但卻能得到一種安慰、自信和心靈的溝通。

信任　朋友之交重義，信任就是義。對朋友有某種擔憂、懷疑，就很難做到完全信任，矛盾就是這樣產生的。信任，是對朋友人格的尊重，多一份信任，就多一份朋友的眞情。

熟人與生人

墨子以為：

愛陌生人吧！就像愛你的親人一樣。

置身於鬧市人流當中，常會爲素不相識的人在自己身邊擁來擠去而氣惱，你甚至會討厭那些陌生人。倘若換了地方，在荒無人煙的森林或戈壁，我們卻會爲偶然發現的一點人的跡象而欣喜若狂，會有一種溫情自然地流滿全身。

熟人、朋友對自己的重要，大家很容易意識到，而陌生人對自己的重要，卻常常被遺忘了。

沒有朋友會很痛苦，沒有陌生人呢？我們吃的飯、穿的衣、坐的車、住的房從何而來？人類如何形成一個完整而有序的社會？

陌生人是相對熟人而言的，有熟悉的人就必然會有陌生的人，他們共同形成一個適宜人生存的環境和氣候。每個人的人生只有在這樣的環境和氣候中才能夠生活得方便、自如、充實。

對一個親人和朋友，親熱也罷，寬容也罷，討好也罷，迎合也罷，都容易做到恰到好處。付出可以得到回報，付出的是一，得到的回報也許是二。在這個時候，人最容易掩藏起自己的本性，掩蓋起自己的缺點，揀對方喜歡的話說，將最有光彩的一面表演給對方看。

對陌生人就完全不一樣了，一切功利的考慮都成了多餘，裝扮出來的自謙或自傲也沒有必要，沒有責任也沒有負擔，想怎樣就怎樣。

這時，最能看透一個人的內心，最能檢驗一個人的修養，品格：

•一個陌生人向你問路時，你能夠熱情引導他而不置之不理嗎？

•一個殘疾之人向你行乞，你能夠掏出身上最後一毛錢而不裝作沒看見嗎？

•一個人擠車時不愼踩了你的腳，你能夠體諒的一笑而不破口大罵嗎？

•老人被絆倒在路邊，你能夠彎腰扶他起來而不揚長而去嗎？

墨子以他整個的生命向我們講述著這樣的道理：愛陌生人吧，就像愛你的親人一樣。

要做到這一點是很困難的，墨子的學生巫馬子坦率地說：

「我愛鄒國人比越國人深，愛魯國人比鄒國人深，愛我家鄉人比魯國人深，愛我家裡人比家鄉人深，愛我父母親比愛家裡其他人深，愛我自己比愛我的父母親深，因爲這是更切自身的緣故。打我，我就會感到疼痛；打別人，我就不感到疼痛。我爲什麼不去還擊打我的人，而去還擊不打我的人呢？所以，我只會殺他人以利於我，而不會殺我自己以利他人。」

巫馬子有這種想法並不奇怪，人都難免有弱點。我們要做的事應該是：克服它而不要去助長它。就像身上長了瘡，醫生要做的是擠出膿血，使之愈合，而不是助長其向全身蔓延。

針對巫馬子的話，墨子指出：「既然這樣，那麼有一個人喜歡你的主張，這個人就想要殺掉你以利於他自己；十個人喜歡你的主張，這十個人就想要殺掉你以利於他自己；天下的人都喜歡你的主張，天下的人都想要殺掉以利於自己。」全天下的人都想要殺掉出這個主張的人，你還能保全自己嗎？

陌生的熟人

陌生與否、熟識與否，並不完全取決於現實生活環境中是否朝夕相處。

相識許久的人，我們會在某一天的清晨突然發現；原來是那麼陌生；而在有些場合，初次見面的人卻可以一見如故，相見恨晚，毫無陌生之感。

陌生與否，熟識與否，並不完全取決於現實生活環境中是否朝夕相處。讀一本好書，就像與過去時代的或萬里之外的朋友促膝對話。精神的交流，心靈的溝通，早已打破了陌生的界線。我們從古往今來的陌生人那裡，獲得了無盡的友情和愛意。

能夠將陌生人當熟人、當朋友看待，能夠從陌生人那裡獲取靈感和智慧。這說明了我們開始懂得了人生的藝術。

衣食父母

防備的問題，是國家的重要大事。
糧食，是國家的寶貝；
武器，是國家的利爪；
城池，是國家自衛的依托。
這三者是國家必須具備的。

*　*　*　*　*

貯存和種植的糧食不夠吃，大臣不能勝任國政，賞賜不能使人高興，誅罰不能使人震懾，這是國家的大禍患。

——《墨子·七患》語譯

善待農民

糧食，生命之樹的水土。

農民，我們的衣食父母。

平民百姓和王公大臣在這一點上得到了平等：都要吃五穀雜糧。

這個道理簡單得過了頭，所以常常被人遺忘。吃飽飯時忘記了災年以涼水充飢，混上了一官半職就忘記了糧食是農民種出來的。

爲全社會提供糧食的人，是社會底層的人，往往又是沒有糧食吃的人，這眞是對人類社會極大的諷刺。

有史以來，恭順善良的中國農民屢次暴動，實在是餓極了的緣故。歷代帝王，把他們推上寶座的是農民，趕他們下台的還是這些農民。

因而，爲政之道在於善待農民。農民耕種田地，收穀打糧，上繳國家。倘若國家不能把農民應得的那一份報酬如數交給農民，寫一張白條子先欠著，幾時有了幾時還，這叫農民拿什麼稱鹽打油，養家餬口？這叫他們怎麼能安心播種耕耘呢？

有的地方農民沒日沒夜地辛苦上一整年，到頭來還拖欠了政府一屁股債，眞不知理從何來。墨子在兩千多前就認清了事情的實質，就此發出了諄諄告誡：

用正常的差役，修治城郭，百姓勞累而不傷；用正常的田賦，徵收租稅，百姓費力而不苦。事實上百姓所苦的不是這些，而是苦於官府大量搜刮財物。用最高的獎賞，賞賜無功的人；耗盡國庫的財寶，去備辦車馬、衣裘和稀奇的玩物；折磨役卒和奴隸，去修建君王的宮室和觀賞玩樂的場所。死了在棺材之外還要作多重的套棺，做很多衣裳。活著的時候修築亭台樓榭，死的時候又大修墳墓。百姓由於常年在外勞役而苦不堪言，國庫由於君主奢侈而消耗殆盡，君主滿足不了享樂，百姓承受不了痛苦。所以國家遭到外敵入侵就會失敗，百姓遇到凶飢之災就活不下去。這就是只求自己享樂，不善待農民的罪過。

「吃了嗎？」

墨子以為：

為官之道，以讓百姓吃飽為要。

如何能讓百姓吃飽呢？一是明察、體察百姓疾苦；二是與民同甘共苦。

要說中國人最怕什麼？恐怕應該是怕餓。從祖宗先人開始，直到我們這些不肖的子孫，對「餓」一直有著異常深刻的體驗。中國人的各種處世方略、權謀技倆，大都與「餓」相關。

西方人見面打招呼說：你好！中國人見面打招呼說：吃了嗎？「吃了嗎」成爲最大衆化的禮儀，表示對對方的友好、親近和尊重，實在是餓怕了的表現。

中國人的烹飪技術享譽世界，吃的藝術無與倫比，各地有各地歷史悠久的做法與吃法，成爲本地民風民俗的重要景觀。遊覽者每到一地，沒有不狠狠地吃上一通的。外國人只知道中國人特別愛吃，卻不知道中國人經常挨餓。因爲時常挨餓，故一味緊吃慢吃、俗吃雅吃、文明的吃野蠻的吃，把玩的吃欣賞的吃，吃由是成爲中國人千百年來樂此不疲的一種夢想，一種藝術享受和人生方式。

能夠進入吃的境界的，差不多都是富豪官僚，經常挨餓的則盡是黎民百姓。富豪官僚猛吃，黎民百姓就猛餓，愈吃愈餓，愈餓愈吃，構成一種奇妙的景觀。

爲官之道，以讓百姓吃飽爲要。倘若餓殍遍野，爲官者必自滅。如何才能使百姓吃飽飯呢？

明察、了解百姓的疾苦，關心他們的生活　墨子設喻說：現在有背著孩子在井邊打水的人，如果孩子跌落到井中，他的母親必定趕快去把他拉上來。如今碰到災年而百姓挨餓，道路邊上遍是饑民，這種禍患比孩子跌落在井中還嚴重，更應該仔細明察。

與民同甘苦　在災難面前，爲官者不能逍遙在外，而應該共度難關。墨子對此明確具體地指出：

飢荒之年殃及人民時，國君應該撤消鼎食的五分之三，大夫撤消高懸的樂器，士人不再入學，國君上朝的朝服不再新做，對諸侯的賓客、鄰國的使節，禮宴不應鋪張，撤掉駕車的三匹馬中的兩匹馬，……婢妾不必穿絲織的衣服，以此告訴人民災難到了。

七種禍患

墨子以為：

國家的七種禍患，無論是那一種，均會給國家帶來毀滅性的打擊。

國家的禍患有七種，任何一種都將給國家帶來毀滅性的打擊。

這七種憂患是：

城池未能修築，卻去修築宮殿

城池，乃國家之屏障，宮殿，乃君王之淫窩。貴為一國之主，卻不關心百姓痛癢，置江山社稷安危於不顧，一味追求驕奢淫逸的寄生生活，必然禍患無窮。

敵國軍隊入侵，四方鄰國不願救援

平日不與人為善，交結朋友，危難之際就無人相助。做人也罷，治國也罷，都是這個道理。

耗盡民力於無用之事，鋪張浪費而使國庫空虛，賞賜無能的人

於百姓無用之事，往往就是於君主享樂有用之事。集財力物力於個人身上，國力必然衰頹。長此以往，國將不國。

爲官者只求保住俸祿，遊學未仕者只願結交黨類，國君以刑律誅戮臣子，臣子畏懼而不敢直言

做官的最易犯的毛病就是明哲保身，上去了就不願下來，爲民爲公的思想日少，爲己爲私的思想日多。知識分子不能肩負起天下興亡的責任，未能給國家大政方針獻計獻策，只願結黨營私。爲官者掌握國家的行政職權，知識者是國家思想智慧的寶庫，一旦這二者不力，國家將危在旦夕。

國君自恃神聖聰明而不問政事，以爲國家安定強盛而無防備，四周鄰國已在圖謀攻打而無對策

有兩種人容易缺乏自知之明。一是資格老、位子高、權力大的人，這種人聽慣了阿諛奉承、吹牛拍馬的話，時間一長，形成習慣，把屬下的別有用心當成果眞如此，自以爲一貫正確，不了解實際情況。一是自我感覺過於良好的人，明明事情幹得很糟，卻自以為幹得很好，明明別人是在諷刺他，他卻高興得忘乎所以。這兩種人都生活在一個假想的世界，在這個美妙的假想世界裡自我陶醉。這種人若混到一國之主的位子上，國人必要遭殃。

國君信任的人並不忠，忠於國君的人卻不被信任

這話太值得深思了。中國的官吏史，不異於一部忠奸鬥爭史，而每每是奸臣占上風，歷史上內亂頻繁，奸臣當道是重要原因。

家畜和糧食不夠吃，大臣對於國事不勝使命，賞賜不能使人高興，責罰不能使人畏懼

賞罰是處理世事的一大法寶。運用得妙，可以收到凝聚人心，規範行為的作用。倘若賞賜不該賞賜之人，責罰不該責罰之人，則會人心惶亂，行為失衡，以至禍至國家安危。

修身養性

順世與逆世

現在人世動亂，追求美女的人很多，美女即使不出門，也會有許多人上門來求他；但現在追求善的人很少，如果不勉力去遊說衆人，人們就不會知道善。

——《墨子・公孟》語譯

現在天下沒有什麼人行義，那麼你就應該勸勉我去行義，為什麼反而要阻止我呢？

——《墨子・貴義》語譯

順應時代常被充分肯定，但如果變成了趕潮流，則未必見得是件好事；逆世獨立會被指責爲落後保守，但倘若心有所專，則未見得是件壞事。

順世或逆世，都不取決於外在的倡導和時髦，而取決於自己主動的選擇，取決於對自己的性情、資稟和良知的確認。

在一個經貿發達的時代，文人常常會陷入順世還是逆世的困惑。投入經貿活動吧？一是與自己固有的價值觀念相衝突，二是與所學專業相距甚遠，難以成爲弄潮兒。不爲外物所動，仍潛心於人文運作呢！又難以忍受被時代冷落的孤寂，且物質上的清貧也會攪得人心煩意亂。

寧靜致遠

寧靜，對一個成功者來講，是至關重要的。

寧靜，並沒有悲喜。

悲在應悲之處，喜在該喜之時。不因悲痛而絕望，不因歡喜而忘形。

寧靜，安寧平靜，從從容容，自自然然。始終對個人，對人生，對社會保持清醒的認識，遇事不亂。處變不驚。

寧靜，並非沒有悲喜。悲在應悲之處，喜在該喜之時。不因悲痛而絕望，不因歡喜而忘形。

寧靜，並非無所作爲。致遠，就是高境界，大目標。

獨處深山，也可爲慾望所傷；身居鬧市，也可享受寧靜之美。

在平凡安穩的日常生活中，保持寧靜的心境，這很多人能夠做到，但要在獲得巨大成功和遭受重大挫折時保持寧靜的心境，則不是一般人能夠做到的。

成功是生命的輝煌，經過長期艱苦的努力，終於在某一天巨大的成功突然降臨，榮譽和地位接踵而至，歡呼聲、喝采聲震耳欲聾，此刻要把持住自己，不爲勝利沖昏頭腦，確實是很難的。

歷史上有許多氣吞山河的英雄，他們能夠戰勝一切艱難險阻，有非凡的膽略和百折不撓的意志，但卻未能在生命的巔峰時把持住自己，白白斷送大好前程，留下多少英雄末路的遺憾！

秦王嬴政，廢諸侯，滅六國，橫掃天下，成爲中國歷史上第一位皇帝，何其威風。然而統一天下後，他卻忘記了創業的艱辛，驕奢淫佚，勞命傷財，貧苦百姓怨聲載道，皇權傳到兒子一輩，就亡了秦家王朝。前人在總結前朝覆滅的教訓時說：卒秦者，秦也，非天下也。也就是說，秦朝的覆滅，主要是秦始皇自身的原因。腦子發熱，得意忘形，自取滅亡。

唐玄宗李隆基，威震海內，創造過迄今仍爲中國人自豪的「開元盛世」。然而就在這國泰民安的盛世之中，唐玄宗喜昏了頭，亂了方寸，沉醉於聲色享樂之中，置國家社稷安危於不顧，以致釀成了「安史之亂」，使唐朝從此一蹶不振。

寧靜，對一個成功者是至關重要的。失去寧靜，災禍必至。

在安寧平靜的心境裡，就很容易認識到：無論成功多麼巨大，都不是個人的力量所能實現的。從大的方面講，是歷史發展的規律，所謂時勢造英雄；從小的方面講，也是機遇很好，天遂人願。若沒有外力的作用，個人是不可能改天換地的，想到這一層，無論是何等了不起的人，有什麼值得沾沾自喜呢？

感謝失敗

以平常、自然之心觀之，失敗本不足為奇。

一個人倘若沒有經歷過失敗，他就難以嘗到人生的辛酸和苦澀，難以認識到生命的底蘊，也就不可能進入真正的寧靜祥和的境界。

同樣地，失敗在生命中也是不可避免的，有誰能保證自己件件事情都順心如意呢？也許有的人經歷的是重大的打擊，有的人遇到的只是小小的挫折，沒有分到房子啦，沒有評上職稱啦，賣東西被別人坑了啦……等等，但都難免會有一種失敗的感覺。

一時的失敗、小小的挫折比較好辦，過一陣、散散心，就釋然了，心境恢復到往日平靜安寧的狀態，該幹什麼幹什麼。但一個志向高遠的人，其終生奮鬥的事業遭到毀滅性的打擊，他還能夠保持從容鎮定的姿態，安寧祥和的心境嗎？

• 一個舞蹈演員不慎下肢癱瘓，該怎麼辦？

• 一個指揮千軍萬馬的將軍，在戰場上全軍覆沒，該怎麼辦？

• 一個老科學家苦苦探索了幾十年，實驗室和全部資料文稿卻毀於一旦，該怎麼辦？

此刻，要保持一種寧靜，不僅需要超人的智慧，更需要有非凡的勇氣和毅力，需要對人生有一種堅定的信念和達觀的態度。

去體驗失敗是對人的綜合素質的一種考驗。

有一則故事：一位將軍在一次激烈的戰鬥中身先士卒，被打斷了一條腿，當他血淋淋地被從戰場上抬下來時，他的勤務兵哭了。將軍對勤務兵笑道：哭什麼，以後給我擦皮鞋時可以少擦一隻。

這就叫泰山在前面倒坍連眼睛都不眨一下。血壓不升高，心跳不加速。即使萬貫家產付諸東流，即使明日就是死期，照樣傍晚到林間散步，欣賞落日的金黃。

西楚霸王項羽在中國歷史上也算得上是超一流的人物，不曾想敗在了市井閭巷出身的劉邦手裡。項羽在垓下被圍，四面楚歌，隻身逃到烏江邊，江東就是他的老家，家鄉的親人會諒解，接納這位失敗的英雄。然而項羽放不下霸王的架子，不願以失敗者的形象出現在家鄉父老面前，在烏江邊刎頸自殺了。

以平常、自然之心觀之，項羽愧對江東父老的心態實屬多餘。倘若他不是一個失敗者，而是以獨霸天下的身份來到江邊，他會不過江嗎?顯然不會。勝利了，就顯耀鄉梓；失敗了，就愧對父老。這都是缺乏安寧平靜之心的緣故，缺乏對生命中榮辱興衰冷靜清醒的認識。

以平常、自然之心觀之，失敗原本是不足爲奇的。一個人倘若沒有經歷過失敗，他就難以嘗到人生的辛酸和苦澀，難以認識到生命的底蘊，也就不可能進入眞正的寧靜祥和的境界。

失敗是人生的課堂，每個人在這裡面都可以學到許許多多的東西。寧靜致遠，在平淡的生活狀態中很難眞正實現，只有在上下起伏、坎坷不平的人生旅程中，才能領略到寧靜致遠的眞諦。

本眞自然

本眞自然最重要的是，不違背自己的心願。

現代社會給人的誘惑眞是太多了，稍不留神就會被各種熱潮裹挾著奔來湧去，使自己無所適從。

倘若有人說，月球上有一個人一夜之間發了大財，把整個月球都買下來了，你也許只是一笑置之，不以爲然，因爲那畢竟是離我們十分遙遠的事。

但倘若是你的一個老同學、老鄰居、老朋友—你們昨天還在一起排隊買菜，今天早上還相互問安——卻突然「發」起來，買了一架私人小飛機或是當上了某跨國公司的老板，你就不得不大爲驚詫了，且會生出一些憤憤不平：他有什麼了不起，憑什麼就「發」起來了。此刻，要保持心態的平衡，不爲眼前的巨變所動，幾乎是不可能。

人的驅趕浪潮、隨波逐流，多半就是在這種情況下發生的。

時代總要推動著人向前走，一會兒被抛到浪尖，一會兒又被送到谷底；社會總會根據它的需要來塑造人的命運，總要犧牲一部分人的利益，又給另一部分人帶來許多好處。因此，對現實社會洞若觀火的人，從不去趕什麼浪潮，以獲得片刻的榮耀。他們始終以本眞自然之心去應對千變萬化的社會，因而能夠在嘈嘈攘攘的現世紛擾中牢牢地把握住自己，心靜神寧，從不爲外物所傷。

本眞自然就是要不違背自己的心願。願意去做而會做的事，就大膽去執行，不願做不會做的事，就堅決不做，不管它是否時髦，是否流行。碰巧自己的所願恰恰爲社會所推崇，那就叫運氣好；或者自己的所願爲社會所冷落，也屬正常。

心願也是一種原則。有些事情與自己的原則相背，那就堅決不能做，即使爲此而付出代價、作出犧牲也在所不惜。譬如有人只圖自己牟利造假藥害人，有人以嬰幼兒作人質殃及無辜，這都是違背人的善良願望的。歷史上那些「變節者」，「賣身求榮者」都是一些沒有原則的人，最終爲民衆所不齒。

歷史上那些爲堅守原則而獻身的人，而得到世代的稱讚，因爲他們發自本性，顯示出人剛正自然的本色。

多一點平常心　少一點勝負心

多一點平常心，少一點勝負心，也許對生活的感覺就會大不一樣。

當事人在人生的起伏變化中未能保持住本眞自然的心境，並不全怪當事人本身。考上了一所大學或者是出了一趟國，你自己把它看得很輕，就像到鄰居家去串了一次門一樣簡單，可你的家人、鄉親卻不這樣看，非要大擺宴席、熱熱鬧鬧慶賀一番不可。輸了一場比賽或者是做生意虧了本，你也許覺得沒什麼，下次贏回來就行了，可旁人不這樣看，非要把事情鬧得不可收拾，非要讓你抬不起頭來才肯罷休。

要保持平常心、自然態，就要不過分計較輸贏，就要有對勝負之外的人生意味的領略和欣賞。譬如足球比賽，輸贏固然是重要的，但我們知曉其比賽結果後爲何還要看比賽錄相呢?那就是對比賽中體現出來的球員精湛的球技、變幻莫測的戰術運用、勇猛頑強的拼搏精神的欣賞。我們爲巴西球隊賞心悅目的藝術足球而叫好，爲超級巨星馬拉度納的天才表演而迷醉，若沒有這一些內容，僅僅了解一個簡單的1：0或是1：1的數字，那有什麼意思呢?

然而對國人來說，成者爲王敗者爲寇的思想源遠流長。同樣是從容不迫，鎭定自如，打了勝仗誇你爲大將風度，指揮若定，打了敗仗則罵你沒有謀略、指揮無方。同樣是啓用某一個人，贏了球讚你是善出奇兵，慧眼識人，輸了球責你爲有眼無珠，用人不當。

多一點平常心，少一點勝負心，也許對生活的感覺就會大不一樣。

君子與小人

君子的準則是，貧窮的時候顯示出廉潔，富有的時候表現出仁義，生前被人愛戴，死後被人哀悼。這四個方面是無法虛浮作假而成的，必須反過來針對自身加強修養。

——《墨子·修身》語譯

大人愛小人，比小人愛大人廣泛；大人利小人，比小人利大人深厚。

——《墨子·大取》語譯

天有晝夜　人有兩種

天下沒有一成不變的君子，也沒有一成不變的小人。因之，我們對待人時，不能用老眼光看人。

從道德品性上劃分，人被分爲君子與小人兩類。

出身卑微、窮困潦倒的人可以是坦蕩蕩的君子；官威赫赫、富甲一方的人也可能是一個無恥的小人。將人放到道德的天平上稱一稱，是君子是小人就清清楚楚了。在這裡，將軍與士兵、父親與兒子、君主與臣民、富人與窮人、教授與文盲、男人與女人，都是平常的。

衝鋒號一響，奮勇向前的是君子，畏縮不前的是小人。

兒童落水了，下去救人的是君子，站在岸上看熱鬧的是小人。

有話當面說，背後不整人的，是君子，當面喊哥哥，背後卻下毒手的，是小人。

人人都願做君子，而不願做小人。即使翻牆入室、雞鳴狗盜之徒，也不願自認爲是小人的。

有些現代嬉皮士似對「小人」懷有好感，對君子不以爲然，但那只不過是裝裝樣子，幽默一下罷了。或許還有些吃不到葡萄便說葡萄酸的味道。

君子、小人的劃分給我們幫了大忙，讓我們知道什麼是好，什麼是不好，甚而惡之；什麼是善，什麼是不善，甚而惡之。

但問題也就出在這裡，君子、小人的劃分往往不那麼簡單，是非善惡的標準也就不好掌握。

墨子講過一個小故事：

齊景公問晏子說：

「孔子爲人怎麼樣？」

晏子不回答。景公再問，晏子還是不回答。景公說：

「拿孔子來說我的人很多呀，都認爲他是賢人。現在我問他的事，而您卻不回答，是什麼原因呀！」

晏子回答說：

「我晏嬰不肖，不足以知曉賢人。即使這樣，我聽說所謂的賢人，進入人家的國境，一定要努力密切他們君臣之間的親密關係，平息他們上下之間的怨恨。孔子到了楚國，知道白公勝的陰謀，卻把石乞奉獻給他，助他作亂，楚惠王因此差點被誅滅。我不知道孔子與白公勝相比，有什麼不同，因而不能回答。」

孔子，這位倡導人們做「君子」的道德家，能說此種表現是有君子之風的嗎？

君子、小人的混淆，源於人自身的弱點。君子人人愛慕，小人人人鄙夷，故有些人明明是小人卻不願承認，裝扮成君子的模樣招搖撞騙。滿口仁義道德，滿肚子男盜女娼，說的就是這號人。

另外還有一種人，今天是英雄豪傑，爲人稱讚，可一旦地位有所轉變，就自以爲得意，頓失英雄氣，而變成一個市儈小人了。誠所謂今天是武松，明天就是撮合山王婆了。

所以說，天下沒有一成不變的君子，也沒有一成不變的小人。

因而，我們對待人時，不能用老眼光看人，不能將人一棍子打死。

虎落平陽

所謂：虎落平陽被犬欺，龍游淺灘遭蝦戲。

小人得志，說明了這社會中有著許多陰腐、骯髒的場所和空氣，足資供養小人生長。

俗話說，虎落平陽被犬欺，龍游淺水遭蝦戲。試想想，號稱百獸之王的老虎，在莽莽森林之中，只要一聲怒吼，就可以地動山搖，百獸無不聞聲喪膽，望風而逃。倘若在一馬平川的荒原，老虎的吼叫沒有回響，且遭到狗類的圍追調戲，那該是多麼讓牠傷心的事。

這類事在人類社會中比比皆是。即小人得志，君子遭殃。

常言道，秀才遇到兵，有理說不清。其實兵未必不講道理。這句話應改爲「君子遇小人，有理說不清」才對。

中國歷朝歷代的政治鬥爭，多半是君子一敗塗地，小人得勝回朝。宋朝大將軍岳飛對大宋江山一片赤誠，前方禦敵攻無不克，戰無不勝，威名蓋世，卻敗在奸臣小人秦檜手裡，死得不明不白，糊里糊塗。君子，正氣凜然，胸懷坦蕩，愛憎分明；小人，兩面三刀，弄虛作假，煽陰風點鬼火。可君子為何總是鬥不過小人呢？

虎落平陽，龍游淺水，只是個別。但君子鬥不過小人卻是人類社會的家常便飯。

深山藏猛虎、大海出蛟龍。狗蝦之類最終只能在平地、淺水處稱雄。就像蒼蠅適合在糞堆中生長一樣，小人得志，說明社會有許多可供他們生長的陰暗、骯髒的場所和空氣。

君子之所以是君子，就在於他勇於清除打掃那些骯髒的場所，換來清新宜人的空氣，讓小人無安身之地。

小人戰術

小人戰術有四，不可不妨：

不講規則、不重然諾、不講情誼、以己度人（以小人之心度君子之腹）。

君子鬥不過小人，在於小人的戰法君子適應不了：

不講規則

像現代商務活動中，講究重合同，重信譽，小人吃了虧就撕毀合同，說的話、許的願全不算數。君子遇到這樣的對手，眞箇是束手無策。

不重然諾

常言道：君子一言，駟馬難追。君子說一不二，即使自己吃虧受辱，也絕不違背諾言。這一點上小人與君子截然相反，小人說話從來不算數的，許下諾言時信誓旦旦，但他壓根兒就沒有想到要去兌現，剛才說一定要怎樣怎樣，轉身就忘得乾乾淨淨了。倘若要去與他對質，他會裝出莫名其妙的神情，反問道：「是嗎？我說過這樣的話嗎？我自己怎麼不知道？」

說話算數表示這人言而有信，信就是信義，就是尊嚴，就是一個人在社會中的形象。君子重然諾，也就是要在社會上樹立一個良好的受人尊敬的形象。有一句老話叫「一諾值千金」，意思是君子不隨便許諾什麼，但答應下來的事就一定說到做到，絕不食言。你向別人借錢，講好三天以內還，可過了三個月還不還，也不給別人一個交待。你說下次別人還敢借錢給你嗎？還願與你打交道嗎？

不講情誼

人都是你好我好。人敬我一尺，我敬人一丈。滴水之恩，當湧泉相報。這都是世代相傳做人的格言。墨子告誡世人說：「諸侯之間相愛，就不會野戰；家主之間相愛，就不會互相篡奪；人與人之間相愛，就不會互相殘害；君臣之間相愛，就會仁惠忠誠；父子之間相愛，就會慈愛孝敬；兄弟之間相愛，就會和睦、協調。」

小人就專做違背這些做人信條的事。你主動對他友好，幫他的忙，好像是欠他的帳，該爲他做似的。這種人危難時只顧自己逃命，從不會順手扶別人一把。

父母養育子女，子女贍養老人本是天經地義，可生活中時不時發生兒女吃喝玩樂，老人露宿街頭的悲劇；有的兒孫滿堂，老人卻被迫移居「安養院」。這就不僅僅是不講情誼的問題，而完全是喪失人性了。

以己度人

君子與小人都會以己度人。君子是以君子之心度小人之腹，因而總是以善良的眼光去看待別人；小人則是以小人之心度君子之腹，因而總是把別人想像得跟自己一樣壞。這正是正大光明的人常敗於陰謀詭計之徒的重要原因。堂堂男兒不屑於在背後放冷槍，也就沒防到別人打自己的冷槍，這正中卑劣小人的下懷，他們面對面地狠不過別人，就專門做放冷槍的勾當。

知人知面要知心

要學會識人的本來面目，尚須多長一個心眼。

要學會識人是人生的一大難題。

無論怎樣英明、聰慧的人，都可能在識別上犯錯誤。

你待他恩重如山，視爲己出，他卻在背後打你的黑槍；你對他不仁不義，讓他受了冤枉委屈，他卻可能在關鍵時救你一命。

常言道：知人知面不知心；害人之心不可有，防人之心不可無。

倘若每個人臉上都貼著標籤，張三爲人忠誠老實，李四爲人不講信義，那麼識人就容易多了，問題是，人的識別能力有限，以貌取人常常出錯，明明是眞心誠意你卻以爲是虛情假意，明明是滿口胡言，你卻以爲句句是眞。人又特別善於僞裝，本是一個卑劣無恥的小人，卻裝扮道貌岸然的模樣，本是一個心狠手毒的歹徒，卻騙得人們的同情。就像白骨精一樣，一會兒變成亭亭玉立的少女，一會兒變成白髮蒼蒼的老頭、老太太，若不是虧得孫悟空的火眼金睛，唐僧早就成了妖怪的下酒菜了。

人幾乎沒有不做假的。有的做得眞誠自然，不失人格，如醫生對垂危病人善意的安慰，這都情有可原。有的則專事弄虛作假，欺上瞞下，三分像人，七分像鬼。有的一般情況下形象尙佳，但偶爾做一次假，也令人防不勝防。

學會識人的本來面目，還須多長一個心眼。

觀察要細　心眼要活

眞是人心難測嗎？未必！

「識人」應是觀察要細、心眼要活。

歷史把人分成好人、壞人兩大類，誰是奸臣佞人，誰是忠臣良將一眼便可看得清淸楚楚，這爲我們識人幫了倒忙。

人的品德的確有高下之分，但針對一件具體事而言，則未必是品德好的就對，品德壞的就錯。究竟誰對誰錯，誰好誰壞，必須進行仔細地觀察和認眞的分析，任何先入爲主的識人的方法，都是注定要碰壁的。

這裡只講二則並非教人識人的小故事，便可略知其中奧妙：

一則是孟子講的：

一次，有人送給鄭子產一條活魚。子產就叫他的手下人把魚放到池子裡去。結果這個手下人把魚拿出去偷偷地煮了吃了，然後回去告訴子產說：「魚我已經放了，剛下水時呆呆地不動；一會兒，它就顯出很得意的樣子，一甩尾巴鑽進水裡了。」子產高興地說：「找到合適的地方了！找到合適的地方了！」那手下人出來對人說：「誰說子產聰明？我早已把魚煮了吃了，他還得意洋洋哩！」

鄭子產是何等聰明的人，卻被自己的手下騙了個結結實實。子產太相信自己的聰明，沒料到手下人也會在主人面前耍手腕兒。

另一則是筆者講的：

一個單位分房子。按規定先打分，得分高的先分，依此後移。小鄭和小楊是好朋友，原先同住在一幢舊平房裡，來往甚密。這次小楊比小鄭高一分，應該小楊先分，兩人一起高高興興去挑選新房。新房並非同一式樣，也有好壞之分。小鄭幫小楊參謀，很是積極。小楊開始相中了一套，小鄭極力反對，列舉了這套房子的許多壞處，小楊聽了小鄭的話，挑了另外一套。小鄭便挑了小楊不要的那一套。事後旁人都說，小鄭那一套比小楊的好，小楊吃了個啞巴虧。

小鄭在小楊不經意時多了個心眼，事情就這樣簡單，但小楊卻從此心裡有了疙瘩。

那麼，眞是人心難測嗎？

未必。

靠使點心計，耍點手腕來獲得一點小利小惠，終究會被人識破。識人最好的辦法還是靠時間。路遙知馬力，日久見人心。隨著時間的推移，假的終會煙消雲散，眞誠和友愛將會在生命中永駐。

苦與樂

即使是古代的聖王，哪能使五穀年年豐收而不遭旱澇之災呢？但他卻沒有挨餓受凍的百姓，這是什麼緣故呢？因為他努力把農時抓得很緊，自奉又很節儉。

——《墨子·七患》語譯

不吃苦中苦，難成人上人。

——民謠

良藥苦口利於病

一棵樹苗，要想使它長成參天大樹，成為有用之材，必須精心培育，修剪隨意長出的枝枒，使主幹筆直而茁壯。

一個小孩，要想讓他長大成人後有所作爲，有益於社會，也必須從小加強教育，犯了錯誤，該說的要說，該打的要打。一味驕縱，任其自然，終難成器。

人爲什麼非要栽跟頭，吃苦頭後才能成熟起來呢？

這是由人的本性決定的。

有一則故事很能說明問題：

一個罪犯被押上了刑場。

罪犯是因偷盜成性而導致殺人滅口。臨刑前，監刑人問他還有什麼話說。他說想與他的母親說幾句話。母親來到了他的身邊，將耳朵湊近他，想知道犯了死罪的兒子還有什麼話留給她。兒子卻一口將母親的耳朵咬了下來，然後對母親說：

「我小時你爲什麼不教育我？爲什麼不罵我、打我？害得我今天這個下場。我恨你！」

母親和兒子都悔恨交加。

或許母親對兒子驕縱慣了，自小沒嚴加管教；或許母親對兒子是嚴格的，但兒子反感，聽不進去。總之，兒子沒有經過磨練，沒有吃過苦頭，一味放縱自己，以至鑄成大錯。

良藥苦口，忠言逆耳，自古皆然。

爲人是這樣，治國亦如此。

一國之君，貴爲天子，聽慣了阿諛奉承的話，對好心好意，爲國爲民的進諫之言就不愛聽了。中國歷史上因直言諫上而蒙受殺身之禍的該有多少啊！

唐太宗李世民是一個例外。大臣魏徵多次當面指責皇上的過失，連文武百官都覺得傷了皇上的面子，太過分了。但太宗不以爲然，對魏徵獎勵有加。他說：水可以載舟，亦可以覆舟，多聽聽下面的意見有好處啊！

讓別人批評自己，儘管很傷面子，但於己於人於國都有好處。傷點面子，掉點底子又何妨呢。

害怕別人批評，拒絕別人批評，到頭來失掉的豈只是一個面子而已？

有取捨就有完美

完美與十全十美並不是一碼事。
完美，應該是有所取捨，人生的道理就是這樣。

年少單純的人很喜歡追求完美，把完美想像成十全十美。一日發現生活不像自己想像的那麼簡單，十全十美的事很難有，便陷入悲觀絕望：啊，我做了一場夢呀，生活是殘缺不全的呀，是沒有完美可言的！

其實，完美是有的。完美與十全十美並不是一碼事。

在功利世俗的人看來，先哲墨子一介匠人，又沒多少錢財，穿粗衣、著草鞋、少飲食，艱苦樸素，實在是不完美。

但墨子自己卻不這樣看。

他自稱「賤人」樂意與下層勞苦百姓在一起生活，絲毫沒有未混上達官顯貴的失落感。他以為，做官未必就一定高貴，平民百姓未必就一定下賤，有能力者才能夠做官，無能力者不能占者茅坑不屙屎。人生而平等，並無天生的貴賤。

他潛心於科學研究和技術發明，用木料做成的鳶鳥，能在天上飛翔一天，他製造的雲梯，樣式精美，工藝複雜，為世人所稱讚。

他倡導「兼相愛，交相利」，反對以強凌弱，以大欺小；他周遊各地，宣傳、實施和平主張，因而深受人民擁戴。他建立起了獨具品格的墨家學派，成為中華民族的思想瑰寶。

墨子對他的一生該是多麼滿意。他的博學多聞，他的原創性的豐富思想，他廣泛的發明創造，他多方面的建樹和貢獻，不僅在春秋戰國，即使在數千年中國歷史上，有多少人可與之相提並論？

他的人生該是多麼完美啊！

完美，應該有所取捨。一座園林，太規整，景觀太擁擠，什麼都有，其實便已是不好看了。去掉一些景物，建幾道曲廊小徑，就別緻了，也就完美了。太陽有起有落，月亮有圓有缺，這就是完美。若老是一個圓盤掛在天空中，那該多麼單調？那就不完美了。

人生的道理也是這樣。

一輩子享盡榮華富貴，衣來伸手，飯來張口，完美嗎？一點也不完美，只會平添煩惱和寂寞。

而酸甜苦辣都嚐遍，愈是艱險愈向前，矢志不渝，百折不撓，不把吃苦受難當成負擔，而把它看作是生活本身應該有的內容和形式。這樣的人生，才是眞正完美的人生。

對現代人來說，沒有過分的奢望和私欲，只求充實自己，有爲社會；只求心定神寧，順其自然。那麼，完美並不遙遠，並不神秘，每個人都有可能進入完美之境。

以苦爲樂　其樂無窮

能夠從苦中品出甜味，你便懂得了生活。

中國歷史上流傳下來不少與「苦」有關的故事。

戰國時，越國被吳國打敗，越王勾踐立志復國。在蓄積力量，策劃反攻的歲月裡，他睡覺睡在柴草上頭，吃飯、睡覺前都要嚐一嚐苦膽，策勵自己不忘國恥，發憤圖強。經過長期準備，終於打敗了吳國。

勾踐臥薪嚐膽，以苦自勵，精神固然可嘉。但勾踐吃苦只是手段，最終打敗吳國才是目的。勝利後他就不再睡柴草，嚐苦膽了。

在勾踐眼裡，苦就是苦，樂就是樂，人必須吃苦，但目的則是換回享樂。

生活中三百六十五行，行行都可以出「絕活」，絕活就是對某種技藝出神入化的把握，這一般都需要經過艱苦的訓練才能獲得。有一些難度大的技藝，譬如武術中的二指神功，雜技中的高空鋼絲表演，自由體操中的空中轉體三周半倒立等，則需要經過長時間的苦練，且只有少數人才能完成上述動作。

「冬練三九，夏練三伏」。可以說成大器者都需經過這一階段。在這一過程中，難免有苦不能言，讓人無法忍受的時候；但卻是苦中有樂的。可謂苦字當前，樂在其中。而刻苦磨練，掌握了眞本領，更是其樂無比。

中國有一類詩人對寫作精益求精，每一字詞的運用非千錘百煉不罷休。有所謂「兩句三年得，一吟雙淚流」的寫照。這類詩人就被稱做「苦吟」詩人。

唐朝詩人賈島，有一次騎著驢做詩，得到「鳥宿池邊樹，僧敲月下門」兩句。第二句的「敲」字又想改用「推」字，猶豫不決，就用手做推、敲的樣子。不巧碰到了大文豪韓愈，賈島向韓愈說明了原委。韓愈想了一會兒說，用「敲」字好。

在旁人看來，爲一個字詞的變更而絞盡腦汁，是自尋煩惱，自找苦吃。但在詩人眼裡，一字之差，詩意兩殊。這一個字，就像人的靈魂一樣，它是詩的靈魂。有了它，整首詩就活起來了，詩意就出來了。當詩人沉浸在這種創作的高潮狀態時，他感受的是一種衝動和燃燒，是將淤積於內心的情愫釋放出來，是無比的興奮和甜蜜，全然沒有苦不堪言的感覺。

此刻，苦只是世俗之見，快樂才是事實，才是詩人眞實的感覺。

能夠從苦中品出甜味，你便懂得了生活。

自誡

君子作戰雖然有陣法，但勇敢是根本的東西；治喪雖然有禮儀，但哀痛是根本的東西；士人雖然有學問，但品行是根本的東西。因此根基立得不牢固，就別務求細枝末節的茂盛；關係近的人不能相親，就別務求招徠遠方之心；親戚不歸附，就別務求對外交際；凡事有始無終，就會貪多求全；舉一件事情不能弄明白，就不要務求博聞廣見。

* * * * *

意志不堅強的人，他的才智不會通達；說話不講信用的人，他的行動不會果斷。擁有錢財不肯分給別人的人，不值得跟他交朋友；守道不專一，認識事物不廣博、分析是非不能明察的人，不值得跟他交遊。

——《墨子·修身》語譯

修身是人生的一門必修課。

成功了，總結經驗，失敗了，吸取教訓。不斷地反躬自身、觀照社會，不斷地對自己提出更高的要求，人們將因此而變得聰明起來了。

與病爲友

對待疾病與其憂懼、排斥，不妨「與病爲友」。而與病爲友之奧妙在於，能從病中感悟出人生。

對待疾病，大凡有三種態度：

以病爲憂

憂而生懼，懼而生仇，久而久之，患上疾病恐懼症，小病大養，大病早亡。

以病爲敵

與病魔作拼死的抗爭，戰略上藐視疾病，戰術上重視疾病，直打得疾病土崩瓦解，或者兩敗俱傷。

以病爲友

病既然來了，趕也趕不走，驅也驅不散，怎麼辦？不如乾脆把它當朋友看，對久病之人來說，這似是一種必不可少的心境。

患病其實並不可怕，關鍵是以何種態度對待它。樂觀者，以病爲友；悲觀者，以病爲憂。

很少生病的人，偶爾得了一種病，便天塌下來了似的，嚇得魂飛魄散；眞到大病臨頭，早沒氣兒了。久病的人對此見多識廣，得了支氣管炎亦或膽結石，就像見到親戚朋友一樣熟悉，吃喝拉撒睡全不誤，沒有一丁點精神負擔。他們明白，生病原本是人生極正常的事，全然不必大驚小怪。該吃藥時吃藥，該打針時打針，一切以平常心待之，既不諱疾忌醫，也不小病大養。

常言道，久病成郎中。其實並不是說病人都會替人看病，而是說病人能夠更多地體會、思考生命本身的問題，注意飲食衛生，加強身體鍛鍊。懂得人爲何會患病，身體的哪些部位容易出毛病，該怎樣預防，如何積極地醫治……等等；聰明的人，則聯想到時光的易逝，生命的可貴，明白在有限的生命裡，該多行善事，多做工作的道理。

人們有許多訓練意志力的辦法，疾病也是一種。有人做刮骨截肢的外科手術，不用麻藥，依然談笑風生，視同遊戲；有人身患不治之症，臨近死亡，卻能奇蹟般的活過來，仍舊樂觀暢達的生活。

在意志堅強的人面前，疾病也只得甘拜下風。

從某種意義上說，疾病是訓練人的意志力的好學校。

與病爲友，奧妙在於能從疾病中感悟出人生。

長期患病，彷彿與健康人的世界隔了一層什麼，彷彿從另外的視界打量塵世，疾病便不知不覺地成了病人的伙伴。獨處時，它伴你同坐；孤寂時，它聽你訴說。如果有一天病好了，長期與自己相伴的那一份思慮一去不回，也許會有空蕩蕩的感覺，就像失去了一個心心相印的好朋友。這並不是說人一定要留個病恙在身上，或必須長年臥榻，而是在說生命的貴賤、世態的炎涼，都將在疾病中獲得最眞切的感受。

與病爲友，不僅是多了一個非同尋常的朋友，而且是多了一種生活的內容和生命的體驗。

與自己作對

不會處理問題，使簡單的事情複雜化，使有利於自己的事情變得於自己不利，這就叫做「與自己作對」。

有個漢子，趕著一輛牛車，經過岔路口，老牛只顧低著頭朝前走。漢子連忙跳下車子，想要叫牛車朝後退幾步。本來，他只要一手牽住牛鼻子上的韁繩，一手晃動鞭子，老牛就會乖乖地向後退。可是他不，他很生老牛的氣，就只管用雙手扳住車子向後拖。而牛呢，卻拼命朝前走。於是，一個向後拖，一個朝前走，就在大路上頂起牛來。漢子愈使力，牛便愈用勁。這個漢子如此蠻幹，結果不免要闖禍。

這是《周易·睽》中的一種卦象。這個漢子不懂因勢利導，一味蠻幹，本來輕而易舉的事結果弄得難以招架。這位漢子不聰明，簡直是存心跟自己過不去。

《周易·井》中的一種卦象也頗有意味。

村子裡有一口井，井水又淸又甜。全村男女老少來來往往到井上汲水。淘米、洗衣、飲用都靠這口井的水。可是大家只管汲水，卻不知愛護。漸漸地，井水乾枯了，被泥沙堵塞住了。村裡人汲不著水，圍在井邊吵吵嚷嚷，卻不想法去淘淸這口井，反而氣急敗壞地把汲水用的瓶子砸個稀爛。

本來是很小的一件事，發動大家把井淘淸就是了。可這些人只會怨這怨那，甚至遷怒到汲水瓶子，結果大家都用不成水，使自己爲難。

生活中的許多事情，若處理得好，自己就會輕鬆愉快，感到事事順心；若處理得不好，就會事事麻煩，就像一團亂麻，理也理不順。不會處理問題，使簡單的事情複雜化，使有利於自己的事情變得於自己不利，這就叫與自己作對。

一個學生，本該好好讀書學習，長大後有益社會，他卻整天吊兒郎當，不學無術；一個官員，本該爲社會多做貢獻，他卻貪贓枉法，驕橫無道。因自己的不愼而毀滅自己的理想，葬送自己的前途，這眞是人生的悲劇。

與自己作對，也許本不情願，但客觀效果就是如此，擺也擺不脫。因過分放縱自己而到了不可收拾的地步，後悔就來不及了。

所以，最積極的辦法是防患於未然。時時提醒自己，做到自省、自勵、自強。

人為什麼會與自己作對呢？

因為每個人心中都有兩個自我：一個是明智的、理性的自我，一個是放縱的、迷惘的自我；一個是順應時代潮流的、開放的自我，一個是脫離時代的、封閉僵化的自我；一個是關懷友愛的自我，一個是自私自利的自我。當兩個自我發生矛盾和衝突時，與自己作對便不可避免。

因而，從與自己作對的困境中走出來，豐富提高自己的人生，便顯得格外可貴。

在安逸與勞累面前，我們能放棄安逸的生活，而不以勞累為苦嗎？

在清貧和奢侈面前，我們能不厭棄清貧，不追求奢侈嗎？

在荒淫和自律面前，我們能力戒荒淫而潔身自好嗎？

安逸、奢侈、荒淫等是最能迷惑人的東西，讓人沉湎眼前的享受而放棄人生的大目標，這叫自己害自己。勞累、清貧、自律等表面看來是吃苦受累，但人的意志力因此得到鍛鍊，人的才學和品行因此得到培養；人因此變得聰明起來，善於處理各種複雜的問題，化不利的因素爲有利的因素，這對人生來說，眞是善莫大焉。

與惡人共處

每個人的生命中都會有惡人、惡事出現，因而，如何與惡人相處是一門了不得的藝術。

因為敢於且善於與惡人打交道的人，都是一些大智大勇的人。

有一則農夫和蛇的故事。

農夫看到了一條凍僵的蛇，見它可憐，便把它揣在懷裡捂著，一會兒蛇蘇醒過來，一口咬傷了農夫，農夫中了蛇毒，臨死前告誡旁人說：不要憐惜像蛇一樣的惡人。

不與惡人共處，躲得遠遠的，或是到一個清靜、友愛的地方去，行嗎？不行。

善與惡沒有天然的界線。一輩子行善的人也可能做出一兩件惡毒的事，惡貫滿盈的罪犯也曾有過良心發現的時候。有的殺人犯也許並沒有想到要去殺人，有的傷人者也許是替弱者打抱不平。

作惡有有意、無意之分，善惡因立場觀點的不同，而看法各異。用一種簡單的機械的眼光看待惡，就像小孩子從相貌上區別好人、壞人一樣，只能讓人感到幼稚可笑。

每個人的生命中都會有惡人、惡事出現，因而，如何與惡人相處，是一門了不得的藝術。

與惡人共處，讓人變得機警老練，讓人明白世界原本是如此複雜多變，太陽底下有陰影，碧波裡也會起濁浪。敢於且善於與惡人打交道的人，都是一些大智大勇的人。

與惡人共處，上上策是在惡人想做壞事還未做之前，就將其陰謀扼殺在搖籃中。能智取則智取，不能智取則強攻。

墨子智鬥公輸盤，說服楚王，是智取的範例；諸葛亮擺空城計，使生性多疑的司馬懿不敢貿然攻城，也是智取的範例。

曹劌論戰，強調一鼓作氣，是強攻的範例；諸葛亮與周瑜聯手，在赤壁火燒曹操，大破曹軍，也是強攻的範例。

凡夫俗子的智慧有限，不可能事事都料事如神，將惡人治得服服貼貼。然而壞人當道，好人遭殃之事比比皆是，怎麼辦？

常言道，大道朝天，各走半邊。你走你的陽關道，我過我的獨木橋。不能促使惡人改邪歸正，卻也不能被惡人牽著鼻子走。

跟在惡人屁股後面爬，或許能夠官運亨通，至少也能清靜平安頤養天年；與惡人保持距離，不願同流合污，要麼災禍臨頭，要麼被排擠到一邊遭受冷遇。這時候，就需要一點甘願受苦、甘願清白自守的精神了。

糟糕的是有些人心眼並不壞，但卻是非不分，善惡不明，糊里糊塗上了壞人的當，成了壞人作惡的幫凶。更糟糕的是這種人不知改過，將錯就錯，最終變成徹頭徹尾的惡人。

抽大煙的人開始並不知道鴉片的毒性，被引誘受騙後，便又如法炮製去誘騙其他的無辜者。有人對聚衆狂賭並無興趣，只是覺得新奇好玩，湊湊熱鬧，時間一長就可能陷進裡面而不能自拔，以至傾家蕩產，妻離子散。後悔就來不及了。

與惡人共處，需要勇氣，需要謀略，需要耐心。

倘若能將一個惡人變成善人，那就更是一種幸福了。

智慧與謀略

方寸之間天地寬

仁人之間都是把是非曲直的道理相互講明，無理的服從有理的，無知的服從有知的，理屈辭窮的應該服輸，聽到善言應該同意，何故會互相為敵呢？

——《墨子．非儒子》語譯

凡事只講爭先，不講禮讓是不可能的。比如在狹窄擁擠的城門前和人挨人行進的葬禮中。

——《墨子．經說上》語譯

一讓值千金

古人說：

進一步山窮水盡，退一步海闊天空。

又，常言道：有理不在言高。

此意即，退一步，進兩步。

讓是一種美德。掌握了讓的方法和要訣，知道何時該讓何時不該讓，就稱得上是一個智者了。

古人說，進一步山窮水盡，退一步海闊天空。眞可謂一讓值千金。

下棋時讓對方兩子，是高手之舉；打球時不計較一分的得失，是大家風範。讓，意味著一種實力、一種信心、一種大將風度。

走路時讓同伴先行，吃飯時讓客人上坐，分東西時讓同事先得，乘車時給老人小孩讓個座。讓給社會帶來一種溫情文明的氛圍，給人與人之間增添了一份寬厚和期待。

生活中的許多矛盾、紛爭、毆鬥，常與未掌握讓的藝術相關。有時因一句話不慎，便打得頭破血流，甚至丟了性命，的確不夠明智。生活中缺少讓，便只剩下魯莽和野蠻。

有理的人才有資格言讓，常言道：有理不在言高。得理且饒人。眞理在握，大可不必氣勢洶洶；心平氣靜，更能以理服人。

無理取鬧，鬧不過自認倒霉，那不叫讓，而是本該受罰。

有理的畏畏縮縮，無理的反而振振有詞，以至善惡不分，黑白顚倒，壞人得志，好人遭殃，這不叫讓，而是軟弱可欺。

讓是一種策略。

對方錯了，不要一棍子打死，給對方一個認識錯誤的機會，所謂「浪子回頭金不換」，這就是用計的巧妙。

軍事上講「打得贏就打，打不贏就走」，「敵進我退，敵住我擾，敵退我追」講的是「迂迴包抄」；講的是「故意留下一個破綻，拍馬便走」。這都是讓的辯證法。

讓的實質即為退一步，進兩步。

情感錯誤

人有可能犯各種錯誤，這都不可怕，都可以改正。唯獨情感上的錯誤不能犯，犯了就很難改正。

一失足成千古恨，很多時候就是針對情感上的失誤而說的。隨時隨地，哪怕只是一個閃念，只是一時的誘惑，只是一個貌似美好的慾望，往往就會使人因此失去許多珍貴的情感，失去那一份與生俱來的純真和善良，失去許多親人和朋友的關懷和信任。追念呀，悔恨呀，嘆息呀，一切的一切，都無濟於事。

愛是高貴至尊的，容不得傷害。

打三仗勝兩仗，可以說是一個好將軍；踢三場球贏兩場，可以說是一支好球隊。但一個人有一次對愛人失去信約，還能說是一個好愛人嗎？

因此，當面對情感的誘惑的時候，當面對物慾的挑逗的時候，一切「沒人知道」式的僥倖心理，一切「只此一次，下不爲例」式的自我解脫都是要不得的。這種自己原諒自己的心態決定了必然要再犯同樣的錯誤。

現代人說起愛，總免不了帶上幾分挖苦嘲弄的成分，也就不怎麼計較犯情感上的錯誤，好像過去時代那麼神聖地看待愛是不夠瀟灑，好像歷史上那些至愛至美的故事再也激不起人們的興趣，這其實是現代人的悲哀。若我們一而再、再而三地犯同樣的錯誤，不遠的將來，我們將不得不嚥下自釀的苦酒。

化解

處世的竅門很多，化解是法門之一。

兩個人有了點小隔閡，化解了就如同什麼都沒發生過一樣，相親相愛如初。若不會化解，勢必怨恨加深，以至反目成仇，鬧到不可收拾的地步。

國家與國家有了矛盾，要麼求同存異，相互諒解，增強信任，最終消除矛盾，要麼相互攻擊，衝突加劇，以至兵戎相見，到頭來兩敗俱傷。這就看會不會化解。俗話說：大事化小，小事化了。關鍵就在一個「化」字。

楚國一心想攻打宋國，請來赫赫有名的公輸盤製造攻城的器械，妄圖將宋國占為己有。墨子聽說後晝夜兼程趕到楚國，向楚王和公輸盤苦口婆心，陳述利害。道理二人都服了，但已準備就緒，不比試一番楚王到底不甘心。於是墨子與公輸盤打一場模擬戰爭，公輸盤攻城的法術用盡，墨子守城的辦法還有餘。楚王只好自認倒楣。

墨子是一個化解的高手，他一生化解了諸侯國之間無數次的矛盾衝突，使無數的黎民百姓免遭戰亂之苦。

會化解的人，能將敵人變成朋友，不會化解的人，卻將朋友推到敵對的一方。

化解之法，首先是講明道理。道理有千條萬條，最重要的一條就是兼相愛的道理。相互友愛相互得利，互相傷害都得不到好處，即使一時得到一點眼前利益，最終也是得不償失。愛別人，別人就會愛他；有利於別人，別人就會有利於他；恨別人，別人就會恨他；害別人，別人就會害他。這樣看來，還是相愛的好啊！

但單靠耍嘴皮子並不能算掌握了化解之法。還必須懂得爲對方接受相愛的道理創造條件，因勢利導，順水推舟。若對方炫耀武力，我方要有相應的硬東西與之抗衡；若對方有意妥協，則找一個台階讓別人下。

有相愛相利的道理，有與之相應的方式、方法，許多矛盾爭鬥就可迎刃而解了。

奇蹟的遠與近

對渴望奇蹟的人來說，奇蹟只是一種幻覺。

對創造奇蹟的人來說，只有不抱希望、不計得失時才能如願以償。

一心想創造奇蹟的人恰恰什麼奇蹟都創造不出來，不想創造奇蹟的人往往能創造奇蹟。

渴望奇蹟出現時奇蹟往往不出現，不渴望奇蹟出現時奇蹟偏偏出現了。

奇蹟不是人能夠隨心所欲地支配和左右的，愈是用平常心待它，它離得愈近；愈是以功利心待它，它離得愈遠。

想歷史上多少王公大臣，曾顯赫一時，威震海內，但有幾人能幹出一番眞正的事業來?絕大多數不過是「爾曹身與名俱滅，不廢江河萬古流」。他們因某種機緣被推到權力的峰巓，爲保住自己的權勢而費盡心機，因而已無創造性可言。

而那些生活在社會底層的布衣平民，卻往往能創造出驚人的奇蹟來。墨子以手工匠人的身份崛起於天下大亂、英才輩出的戰國時代，他不僅在思想意識方面，而且在科學發明方面都創造出了舉世罕見的奇蹟──儘管他自己並不這樣認爲。

他創造出獨樹一幟的墨家學說，在中國思想史上，與儒道之學並駕齊驅。他發現孔門儒學的禮、樂、喪、葬是繁瑣的形式主義，僞善做作，從而成爲儒家的反對派。連學術上的對手莊子也稱讚墨子，說他「好學而博，不異，不與先王同」。

他是手藝精湛的技術工人和發明家，頃刻之間，削三寸之木，製成一個載六百斤重的軸承，令人嘆爲觀止。

他的邏輯思維和邏輯體系在先秦諸子中無可匹敵，在人類邏輯思維發展史上，只有亞里斯多德邏輯學，印度因明論能與之相媲美。

有意創造奇蹟的是少數，等待奇蹟出現的是多數。

看球賽，一方勢如破竹，另一方潰不成軍，幾乎所有的觀衆都在等待著奇蹟的出現，只望敗方能有如神助，反敗爲勝。

當一個人行將被吊死時，無數圍觀的人都等待著一個俠士奇蹟般地出現，一刀劈斷繩索，揮馬而去。

人們從傳說、小說、戲劇中聽到、讀到、看到了太多的奇蹟出現的故事，眞實的生活便被虛擬化了。

對渴望奇蹟的人來說，奇蹟只是一種幻覺。對創造奇蹟的人來說，只有不抱希望、不計得失時才能如願以償。

城府

城府與性格內向非一碼事。

城府是一種體認生活、體認生命、體認自然的能力。

講一個人的城府很深，義含有兩意。一是褒義，謂這人富心機謀略思想深邃，且不願隨便顯露。二是貶義，謂此人不坦率，讓人猜不透心思，而不敢把他當朋友看。

即使是天眞爛漫的少年，是否就一點城府都沒有呢？未必。兩個中學生相約去看一場精彩的電影，不料下午課遲到了兩分鐘，老師問他們上哪兒去了，一個正欲開口，另一個連忙說：上廁所。中學生耍了一個小小的計謀。這固然不能與成年人的老謀深算相比，但他已懂得了怎樣保護自己。

城府是每個人都有的，只不過有的多一點，有的少一點罷了。

三國時，孫劉聯合抗曹，諸葛亮受劉備委託到東吳與大將周瑜共商對策，面對曹軍的大兵壓境，二人都不願先說出抗曹之計，最後同時伸出一隻手，手心同寫著一個「火」字，眞所謂英雄所見略同，二人不禁相視大笑。瑜亮鬥智，戰了個平手。

在此，誰先說都不好。

人對事物的感悟、體察、了解，有兩種情況。一種是了解不夠，對事物的認識還不很清楚，這時很難說清楚。另一種是，自然的運動變化有其特定的規律，這種自然之理我們能夠感知，但卻很難把它表述出來，如人在冥冥之中感知的那些神秘的東西，人內心有時莫名其妙的悸動和不安，究竟是什麼？說不清楚。這在外人眼裡，就表現爲一種城府。

城府很深的人，往往對生命的難測和自然之理的運行有較深的理解。老子說：「道可道，非常道。」道是不可說的，那麼，對道的認識也就讓人感覺出一種城府。

所以說，城府是一種體認生活、體認生命、體認自然的能力。

城府與性格的內向不是一碼事。

性格內向的人常被誤認爲很有城府；這就是城府與性格內向的相同與不同的地方。

機智與愚鈍

智慧，是人們用已經知曉和認識的智力去分析探究事物，使已有的知曉和認識更加明白透徹。正像眼睛對事物的明察一樣。

——《墨子·經說上》語譯

卑賤者最聰明，高貴者最愚蠢。

——古語

運用大智慧的人，一般人很難知道他的功勞；愛耍小聰明的人，反倒為世人所知。

——《墨子·公輸》語譯

智者千慮，必有一失；愚者千慮，必有一得。

——古語

悟性

悟性就是對世界的咀嚼。

理解事物、掌握知識、認識人生，悟性必不可少。

相傳常摐是老子的恩師。有一年，常摐老了快病死了，老子趕去探望。老子扶著常摐的手問：「先生怕快要歸天了，有沒有遺教可以告訴學生呢？」

常摐緩緩回答：「你不問，我也要告訴你。」他歇了一口氣問：「經過故鄉要下車，你知道嗎？」

「知道了。」老子回答：「過故鄉而下車，不就是說不要忘記故舊嗎？」

常摐微笑著說：「對了。那麼，經過高大的橋木要小步而行，你知道嗎？」

「知道了。」老子回答：「過橋木小步而行，不就是說要敬老尊賢嗎？」

「對呀！」常摐又微笑著點點頭。想了一會兒，常摐張開嘴問老子：「你看看，我的舌頭還在不在？」

「在啊！」

「我的牙齒還在不？」

「一顆也沒有了。」

常摐問：「你知道是什麼意思嗎？」

老子想了想，答道：「知道了，舌頭還能存在，不就是因爲它柔軟嗎？牙齒所以全掉了，不就是因爲它太剛強了嗎？」

常摐摸著老子的手背，感慨地說：「對啊，天下的事情，處世待人的道理都在裡面了，我再也沒有什麼可以告訴你了。」

老子一一悟出常摐的語意，這叫悟性好。

理解事物，掌握知識，認識人生，悟性必不可少。

就像吃飯一樣，非要經過口腔的咀嚼才能嚼出味道，否則，注射葡萄糖液體似的增加能量，除了延續生命之外，已毫無意義。

悟性就是對世界的咀嚼。簡單明瞭地獲得一切事物的結論，只要導致人的思維能力的退化，失去探索世界奧秘的樂趣。

別人灌輸給自己的東西最靠不住，自己悟出來的東西才眞正屬於自己。
悟性快，是說一個人才思敏捷。
悟性高，是說一個人天份高，善於把握人生的大道理。
沒有悟性，就要學著點。

智慧

金錢、權力、美貌、榮譽都是身外之物，只有智慧才是生命本身的可貴。

人最寶貴的東西是什麼？
守財奴說：金錢。
官僚們說：權力。
少女們說：美貌。
虛榮者說：榮譽。
哲人說：智慧。

金錢、權力、美貌、榮譽都是身外之物，只有智慧才是生命本身的可貴。金錢、權勢可以交易，美貌則曇花一現，唯有人的智慧與人生相伴到盡頭。

人生智慧的發揮就是人盡其才。有多大的本事就使出多大的本事，會做什麼就能做出些什麼。

社會的責任便是人盡其才，物盡其用。一個才華出衆的人卻變成了平庸無聊之輩，這是人生的悲哀，更是社會的罪惡。

有的人愛摳死理，鑽牛角尖，無理的也要說出有理的來，不聽勸阻，不講情面，給他台階他也不會下。這種人自以爲很有智慧，其實只不過是心胸偏狹、思維僵化的表現。

有的人腦袋特別靈活，被稱之爲「人精」，一事當前，先替自己打算，風浪一來，便知道如何保護自己。這種人充其量只是有點小聰明，或者說特別喜歡耍點小聰明，與眞正的智慧人生是風馬牛不相及的。

可以送給一個人很多錢，很大的官，卻沒法送給他智慧。從古至今，只聽說獎錢獎官的，沒聽說獎才能的。

錢、權、貌之類的東西無補於智慧，卻可以損害、削減人的智慧。過多的錢財，過分的榮耀，容易使一個人不再看重自己的智慧。躺在人造的幻影上睡大覺，結果因失去智慧而犯下不該犯的錯誤，以至毀掉自己的一生。

愚人自愚

愚人者反而自愚，每一個自以為聰明的人，都該深思呀！

有一則講愚人與聰明人的故事：

城之南，有愚泉，飲之則愚。

聰明人想：假如將愚泉引入城，全城的人喝了愚水都變成了傻子，我豈不就可以獨霸這座城了嗎？

於是，他偷偷地將愚泉引入城河，自己卻鑿井而飲。

果不其然，幾天後城裡人都變得傻裡傻氣了。愚人們爭相將自己的田產屋舍送給他人，其他人也都是愚人，故推辭不受。只有聰明人來者不拒，城裡的土地房屋盡歸於聰明人的門下。這些愚人又將自己的珠寶首飾等珍貴物品隨便亂丟，聰明人全都拾回來，不多久，就成了一個大富翁。

城裡人覺得奇怪：田產、珠寶，都是糞土不如的髒東西，我們都棄之不要，這人卻寶貝似的撿回來，可見這人眞是愚蠢之極。城裡有如此愚人，是大家共同的恥辱，應把他趕走。

於是，城裡人攜帶棍棒，圍著聰明人的住宅，身高力大的衝進屋裡去，將他綁了出來，城裡人歷數聰明人的愚蠢的事例，欲將他趕出城外。

聰明人嘆道：我本想使衆人愚蠢，沒想到衆人反將我看成愚蠢之人，眞是搬起石頭砸自己的腳，天下沒有比我更愚蠢的人了，還有何臉面呆在這個世界呢？聰明人投城河而亡。

愚人者反而自愚，每一個自以爲聰明的人，都該深思呀！

智者與愚者

大智者並不刻意炫耀自己的才幹，並不計較一時一事得失，而是全身心地投入自己渴望的境地中，淡泊自樂。

俗話說：智者千慮，必有一失；愚者千慮，必有一得。反過來說，在一兩件事情上的閃失，並不失去其智慧本色；偶然一兩件事所表現出的聰明，未必就意味著才智出衆。

馬謖失守街亭，則是諸葛亮用人不當之過，但諸葛孔明仍然是諸葛孔明，瑕不掩瑜，美名千古傳。

守株待兔的宋人儘管碰巧抓住了隻兔子，但卻只能作爲愚笨的例子爲後人傳笑。

智者的過失是上帝對人的懲罰，人無完人，錯誤總是難免的。愚者的聰明只不過是瞎貓子逮住了死老鼠。

所以說，智者不必爲一兩次的失敗而垂頭喪氣，失去信心。天生我才必有用，千金散盡還復來。這才是大家氣魄，英雄本色。愚者更不必爲一兩次的成功而沾沾自喜，尾巴翹到天上去，若如此，更現出其荒唐可笑。

智者因爲曾有閃失而不被人看作智者，愚者因一兩次的成功而不被人當作愚者，這在生活中是常有的事。昏庸無能之輩飛揚跋扈，才識卓越之人倍受欺凌，此等事情，歷朝歷代少見嗎？

愚者在兩個方面有著天生的特長，令智者望塵莫及。一則嫉賢妒能，二則自以爲是。在自然社會面前，智者優勢明顯，但智者與愚者一對一鬥法時，愚者卻時常能戰而勝之。

智者的心事全在社會人生的大問題上，想的是天下興亡、成功立業，探索的是宇宙的變化、自然的道理；而愚者心事全在雞毛蒜皮的小事上，自己做不了大事，見到別人做大事卻心裡癢癢，抓住智者的一點小辮子就大做文章，以此來證明自己的高明。

智者懂得太多自然的道理，尤其擅長搞科學發明，技術攻關，他們常常是一個或幾個方面技術上的能手，是出色的工藝師、農藝師、藝術家、發明家……等等，任何粗糙的東西，經過他們幾掇弄，就會煥然一新，成爲了不起的珍品。這令愚者非常不快。愚者於是想方設法、雞蛋裡頭挑骨頭，對智者的傑作橫挑鼻子豎挑眼，譬如說陶瓷製品雖然好看，可惜沒有鐵製的堅硬……等等，彷彿自己一下子擊敗了智者，由此獲得一種心理滿足和心理平衡。

愚者最大的毛病在於不願承認自己的愚笨，打腫臉充胖子，除了貶低智者以抬高自己外，便是自吹自擂，自己做的稍微拈得上筷子的一點事情，逢人就講遇人就說，一可以說成十，十可以說成百。譬如守株待兔者揀到一隻兔子，可以向別人說揀到了一百隻；十歲時抓住的一個蜻蜓可以說成是一歲抓到的。愚者之愚在這種自作聰明之中更加暴露無遺了。

智者不與愚者計較，更顯其智慧超衆。

愚者與智者糾纏不休，更顯其愚笨之極。

所以說，大智者並不刻意炫耀自己的才幹，並不計較一時一事得失，而是全身心地投入自己渴望的境地中，淡泊自樂。

使精神更快樂

絲用青色的染料染就成青色，用黃色的染料染就成黃色，投入的染料變了，絲的顏色也變了，絲放進五種不同的染水中，就會染成五種顏色。所以，染色不可不慎重。

——《墨子·所染》語譯

善良的品性如果不能在內心起主導作用，那就不能保持，好的品行如果自身不能審辨，那就不能樹立。名聲不能輕易得到，榮譽不能用巧詐的方法獲得，君子是用自己的身體載道而行的。

——《墨子·修身》語譯

著迷是一種福分

著迷是生命潛力的大釋放，人的許多傑出的思想、偉大的創造力都是從著迷中產生出來的。

能對某樣事物著迷是人的福分。不同的是，有的人因福得禍，有的人因福得福。

迷賭博，迷嫖娼，當下是福過後是禍；迷讀書，迷思考，當下是福過後也是福。

晉朝時，有個窮書生名叫車胤，嗜書如命，家貧買不起燈油，夜裡讀書，就捉螢火蟲裝在紗袋裡照明。還有一個名叫孫康，冬天常常站在雪地裡，利用白雪的反光讀書。於是，這兩個人苦學的名聲被人們四處傳頌。有的人把他們當作學習的楷模，而有的人笑他們爲書呆子。

試想，車胤、孫康讀書正到精彩處，正感到興味盎然，食魚肉不香，飲茶水無味，卻突然天黑下來看不見了，這對他們如同挖了心肝般的難受，他們唯一能做的事就是想辦法繼續讀下去。

著迷，是生命的專注和興奮，是精神的暢快和愉悅。著迷之樂，確是外人難以享受到的。如足球迷，勝一場欣喜若狂，敗一場肝膽欲裂。如影視迷，對自己崇拜的明星的一點蛛絲馬跡都四處打聽，視如珍寶。如科研迷，沉醉於科學思考中，能拿手錶當雞蛋，拿墨水當啤酒。這在常人看來，簡直就是從精神病院逃出來的，但在他們自己，則是一種巨大的幸福和無比的快樂。

一個人若對任何事情都不著迷，或者說人間沒有一樣東西讓他感到特別的興趣，那麼這人一定活得乏味無聊。

著迷是生命潛力的大釋放，人的許多傑出的思想、偉大的創造都是從著迷中產生出來的。

在英才輩出的先秦時代中，墨子其異於孔孟老莊等一代大哲的地方，在於他幾乎是唯一著迷於工程學、機械學、幾何學等自然科學的人。墨子當過造車的手藝工人，手藝相當高明，他還曾著迷於研製一種名叫木鳶的滑翔機，結果實驗成功了，木鳶飛向了天空，他的學生讚美道：「先生多巧啊！竟能使木鳶飛起來。」

中國人的處世重實用性，你好、我好、他好大家都好，保持一團和氣。著迷對純粹的實用是一種突破。著迷某一事物，並不一定要從這一事物那裡獲得什麼好處，在大多數情況下，著迷是一種超功利的精神活動。中國人特迷下棋，但能靠它吃飯的人微乎其微，百分之九十九的都是一種愛好，一種興趣，一種高雅的享受。

眞正的超功利非實用的著迷實質上是一種大愛的精神。這種愛不同於愛張三，愛李四，不同於友情和尊重，而是一種綿綿永恆的生命之愛，如張衡之愛「地動儀」，曹雪芹之愛《紅樓夢》。這種愛只求付出，不求索取，只求燃燒，永不止息。

著迷者若能進入此種境界，便是達到了幸福的極至。

可爲與不可爲

可爲與不可爲端看你如何應對、選擇，擇善而從。

人生的過程就是一個感染的過程，即受影響、受薰陶、受教育。感染有兩種：一種是不可爲的，一種是可爲的。

生在四川，出口就是四川腔；生在山東，張嘴就是山東調。河南人喜聽豫劇，江浙人偏愛越劇，江南絲竹截然不同於關東大鼓。這就是語言文化環境對人的感染，是不可爲的。

國外流行愛滋病，感染上這病的大多是行爲不大檢點的人；國內吸毒販毒的事件時有發生，但玩火者畢竟只是一小撮。這些年官場上流行過一些名言，如「有權不用，過期作廢」，也的確感染了一些人。由此可見，感染也是可爲的，看你如何應對、選擇，擇善而從。

人必須生活在一定的社會環境中，接觸各式各樣的人，這是不可爲的；多接觸善良，賢達之人，少接觸品性不端、心術不正之人，這是可爲的。

人的生命是有限的，古語說人活七十古來稀，這是不可爲的；但活到老，學到老，珍惜時間，奮發上進，這是可爲的。

知道什麼是不可爲的什麼是可爲的，便懂得了生命的界線。

能將不可爲與可爲運乎一心的人，有著人生的大智慧。他們懂得：在社會這個大染缸裡，每個人都必須被浸染和淘洗，但最終染成什麼顏色，卻沒定於自己，決定於可爲與不可爲之間的神運妙思。

感染即誘惑

在現實社會中的諸多感染和誘惑面前，

智者應是行於可行之時、止於該止之處。

當代人立身處世，所受到的感染來自三方面：

民族歷史文化傳統的感染

中國人喝茶，不喝咖啡；中國人稱婚外情爲「第三者」，西方人叫「情人」。這既是歷史，也是當代人的習性。完全擺脫這些傳統習性是不可能的，但死纏抱住不放，則是一個僵死的木頭腦殼。

域外文明形式的感染

中國話語中以前沒有「沙發」、「布爾什維克」、「麥當勞」、「卡拉OK」這些名詞，現在有了；中國舞台上過去沒有話劇、沒有芭蕾舞，現在有了。染我們的不僅有一個中國的染缸，還有一個世界的染缸。

現實生活實際的感染

事實上在大力提倡外向型經濟、參與國際大循環的同時，仍有某些中小型企業體制不過才剛剛告別刀耕火種的原始階段；少數富人們有了私人別墅和小轎車，而大多數工薪階層還在爲物價膨脹上漲發愁；有的人專事撬門扭鎖或在光天化日之下洗劫他人財物，而有的人則縱身跳入激流營救生命垂危的小孩……現實強烈的反差和對比刺激著每個人的心理，燭照出不同的靈魂。

感染即為誘惑。人生在世，誘惑實在是太多太多。如金錢的誘惑、肉慾的誘惑、功名的誘惑。

有的誘惑使人輝煌，有的誘惑讓人毀滅。

在這些感染和誘惑面前，行於可行之時，止於該止之處。可行之時，義無反顧，奮勇向前；該止之處，嘎然止步，回頭是岸。

輝煌第一

輝煌是最重要的，保命永遠不能與輝煌相比。努力使自己的生命燃燒得更加輝煌，這是我們唯一的選擇。

魏晉時有一個王戎。王戎七歲那年，有一次與小朋友們玩耍。看見路邊李樹上結果纍纍，把樹枝都壓彎了。小朋友們爭著去摘李子吃，只有王戎不動。有人問他為何不動，他說：「李樹長在路邊卻有這麼多果子，這一定是苦李子。」旁人摘下李子來嚐，果然如王戎言。

王戎的聰明在於，他明白甜李子樹長在道邊，必然為人摘取，故樹上不會碩果纍纍。李子因其甜而受其害，因其苦而享盡天年。

類似的例子在生活中比比皆是，事物因有某種特長而傷，一無所長反而無恙。譬如說，現在有五把錐子，其中一把是銳利的，銳利的這把必定先變鈍；另外有五把刀，其中一把是剛磨過的，磨過的這把也必定先銷損。常常可以見到，甘甜的井水先乾涸，高大的喬木先被砍伐，靈龜的甲先被燒灼，神蛇先被曝曬用來祈雨。

這些道理常被用來告誡聰明人鋒芒不可太露，言行不要太招人耳目，否則，易遭人忌恨或陷害，給自己招惹麻煩。

然而，銳利的錐子畢竟是銳利的錐子，它與那些鏽跡斑斑的、無尖無光的錐子就是不一樣；鋒利的鋼刀畢竟是鋒利的鋼刀，它與那些從未磨過的、沒有刃口的刀子就是不一樣。不必擔心被人摘取而不願做甜李子；不必因擔心乾涸而不願做甘甜的井水；不必因擔心被砍伐而不願做高大的喬木；不必因擔心被燒灼而不願做靈龜；不必因擔心曝曬而不願做神蛇。

同樣的，有某種智慧，有某種才幹，那是一種福分。暫時的掩藏有時是必要的，但切莫過分，切莫因此而使智慧和才幹受到損害，切莫因擔心冒險而錯失大展宏圖的良機，切莫因此而變得謹小愼微，瞻前顧後，優柔寡斷。

每個人的生命只有一次。在人生的緊要處，看準了，該鋒芒畢露時就一定得鋒芒畢露，該豁出去時就要豁出去，即使因此而冒了風險，因此而遭到打擊、壓制、迫害，身心受損，都是值得的。

若如此，即使失敗了，卻是雖敗猶榮，不失英雄本色，無愧於自己的才幹和魄力，更無愧於心。

如果不是這樣，碌碌無爲地度過一生，生命中從沒有輝煌耀眼的時刻，天賦的聰明才幹都白白流失，那種遺憾該是多麼地巨大呀！

輝煌是最重要的，保命永遠不能與輝煌相比。

努力使自己的生命燃燒得更加輝煌，這是我們唯一的選擇。

從小處入手

對於誣陷和邪惡的話語，不要去聽它；

對於粗野和蠻橫的話語，不要去說它；

損傷別人的心思，不要隱藏在心裡。

這樣，即使有專事誹謗和說長道短的小人，也就無所依附了。

——《墨子·修身》語譯

行惡而遭災禍的人，夏傑、商紂、周幽王和周厲王這三代暴君就是例證；愛護幫助他人而得到幸福的，夏禹、商湯、周文王和周武王這三代聖王就是例證。

——《墨子·法儀》語譯

丟了西瓜撿芝麻

處世的謀略很多，最基本的一條是：從大處著眼，從小處入手。

西瓜與芝麻誰大誰小，一看便知，這是三歲小孩都能分辨的。但在實際生活中，分辨西瓜、芝麻卻未必那麼容易，大與小，多與少，常常會有人幹出撿了芝麻丟西瓜的蠢事。

戰國時，楚國請來匠師公輸盤，幫助製造雲梯，想攻打宋國。墨子聽說後，星夜趕到楚國，勸楚王放棄攻打計劃，他講了一個西瓜和芝麻的道理：

「楚國的土地，方圓五千里，宋國的土地，方圓五百里，這就像彩車跟破車相比；楚國有個雲夢澤，犀牛、麋鹿滿地都有，長江、漢水裡出產魚鱉黿鼉，算得上是天下最富饒的了，宋國卻是所謂連野雞、野兔、鯽魚都不出的地方，這就像好飯肉食跟糟糠相比；楚國有高大的松樹、紋理細的梓樹、楩木、楠木和樟樹，宋國卻連大樹都沒有，這就像錦繡衣裳跟粗布衣服相比。」

墨子所言，楚王未必想不到。楚王私心是想占點便宜，撿了芝蔴又不丟西瓜，豈不更好？然而墨子的話也沒有說完，西瓜是自己的，芝蔴卻是別人的，強占別人的，哪怕只是一點點，常常會付出自己整個的代價。

貪心不足的人，往往因小失大；私心太過的人，常常得不償失。目光遠大的人，辦大事，成大業，胸懷大目標，便不會被眼前的小利小惠所惑，便能夠在西瓜與芝蔴之間作出正確的判斷。

秦破趙後，許多趙國人被迫遷往蜀地。有一些向秦的官吏求情，請求留在葭萌這些離故鄉近一些的地方，唯有一個姓卓的沒有這樣的請求。他說：「葭萌雖爲縣衙所在地，但土地瘠薄。我聽說，在岷山之下有一片肥沃的原野，生長著很多蹲鴟（一種芋，可以充飢），到死都不會挨餓。」於是，他就請求遷到了蜀地岷山下的臨邛。在臨邛，卓氏發現了豐富的鐵礦，就依山冶鐵，經營貿易，後來成爲顯赫的富翁。

大智大勇的人，才能獲得巨大的成功；大謀大略的人，方能取得大利大惠。大智大勇的人也有貪心不足的時候，目光遠大的人也會有僥倖心理。這並不奇怪。關鍵是不要使貪心惡性膨脹，也不要為僥倖獲利而自鳴得意。

小心被人當槍使

要想不被人當槍使（走狗、鷹犬）：

「任爾東南西北風，自有主張在心中」何妨清高、孤傲一點。

歷來就有一種心甘情願被別人當槍使的人，我們稱這種人為走狗、鷹犬，這種人沒有人格、沒有自尊，專事倚強凌弱，仗勢欺人，為正直的人所不齒。

這種人可鄙可恨，但不可惜可憐，可惜可憐的是未必情願被人當槍使，卻被人端著打來射去，成為替別人洩私憤、圖報復的工具。

同一科室，張三和李四競爭科長，王五就會成為雙方爭著要用的「槍」，張三在王五面前說李四如何如何，李四在王五前面說張三怎樣怎樣，稍不留神，王五的槍管裡就會不斷冒煙，而他自己卻全然不知子彈射在什麼地方。

被人當槍使不會有好結果。張三上去了，李四會怪王五這人不中用；李四上去了，張三也會有同樣的埋怨。此所謂豬八戒照鏡子——裡外不是人。

整人、害人的人愈多，被人當槍使的人也就愈多。被當槍使的人固然可憐，但也可恨，其惡劣影響並不亞於整人、害人的人。因爲沒有這一類人，陰謀詭計就不能得逞，搞陰謀詭計的人就會惶惶如喪家之犬。

要想不被人當槍使，則必須心胸坦蕩，正直無私品性端正、則必須不營營以苟且，不妨清高一點，孤傲一點。任爾東南西北風，自有主張在心中。

要想不被人當槍使，則不能想著去設計別人。指望把誰利用一下，指望踩著他人的肩膀爬上去，指望借他人之力以排除異己，這種人遲早會撞在別人的槍口上的。

時時刻刻提防著被人利用，整天提心吊膽，惶惶不安，這種人其實最容易被人利用。神經過於緊張，心理就難以正常，看問題就會片面和偏激。心術不正的人往往會抓住這個弱點加以誘導，於是成了別人手中的槍還不自知。

欺人者必自欺

自欺可惡、欺人可恨、欺人者必自欺之。

國人罵人常使用「狗」這個詞，逼急了就來一句「狗××的」。罵人固然不可取，但將人與狗聯繫起來似乎是有某種道理的。狗的特性是見到富人就搖尾巴，見到窮人就狂吠，見到主子就溫柔地像羊，見到看門人就凶惡地像狼。嫌貧愛富，倚強凌弱。

有一類人便與之有著驚人的相似。

這種人有一個絕招，在有利於自己的人面前，見人低一輩。明明年齡相仿，卻叫對方「伯伯」或「叔叔」，有時在上司面前不易太直露，則見到上司的老婆叫「阿姨」，見到上司的子女叫「親妹妹、親弟弟」，來一個迂迴包抄。唐朝有個人名叫安祿山，年齡與楊貴妃的爹差不多，卻稱這位唐玄宗的愛妃爲「媽」，直樂得這位皇帝老兒心花怒放，委他以重任。結果正是這位口稱「父皇萬歲」的人起兵反唐，端了唐玄宗的老窩，險些讓他丟了大唐江山。

這正是這類人的一個顯著特點，賣身投靠，稍一得勢就翻臉，反口咬人。今天喊你爲天王老子，明天就會拿刀抹你的脖子。

所以，最具奴才相的人往往是最不可靠的人。奴才相是他的僞裝，以博得正直善良的人們的同情，待時機成熟，就會瘋狗般撲過來。

這種人最善於以貌取人。見到衣冠楚楚、道貌岸然的人，則點頭哈腰，戰戰兢兢；見到衣衫不整或貧困潦倒的人，則盛氣凌人，耀武揚威，擺出一副主子的派頭，似乎忘了自己一分鐘前還是奴才。

這種人儘管可以得意一時，但終究不會有好下場。以貌取人，使這種人看問題只重表面，認不清實質，必然目光短淺。如牆上蘆葦，隨風搖擺，今天向左，明天向右，毫無自己的意見和主張，終將一事無成。

這種人始終不明白人與人的關係，要麼是心甘情願被人欺，要麼挖空心思去欺人。他們不明白人要人格和尊嚴，不明白你尊重別人，別人也就尊重你的道理。所以在社會生活中，始終找不到一個屬於自己的位置。

節約生命

尚節儉　重實用

凡是人們製造某種物品，都是有益於實用才去做的。所以，使用錢財不浪費，民生能不勞頓，他們就會得到很多益處。去掉大人先生們所愛好搜聚的珠寶、鳥獸、狗馬，用來增加衣服、房屋、兵器、車船的數量，這並不困難呀！減少鋪張浪費，是聖王之道，天下的大利。

——《墨子・節用上》語譯

聖王建造房屋，是為了便於生活，不是用來觀賞和享受的；製作衣服、腰帶、鞋子是為了便於身體，不是用來顯示怪異。

——《墨子・辭過》語譯

實用與實在

實用原則在國人心目中可謂根深蒂固；耐不耐用、經不經磨、結不結實，往往是人們認定一種事物好壞的標準。

朋友去商店買家具，一套華麗漂亮，但質地欠佳，存放衣物的地方不寬餘；另一套式樣一般，但材料好，結實耐用，放東西方便，功能齊全。這位朋友多半會挑選式樣一般、材料好的那一套。

假如丈夫給妻子買回一雙時裝皮鞋，穿起來很好看，但不到三天就斷了鞋跟，這位丈夫必定遭到妻子的埋怨，責備他不會買東西，花那麼多錢買回的鞋穿不到三天。

在好看與實用面前，將實用放在第一位，這種購買心理其實反映了人們普遍的生活原則：實用第一，然後才考慮美感效果。

實用原則在國人心中可謂根深蒂固，耐不耐用，經不經磨，結不結實，往往是人們認定一種事物好壞的標準。

張三儀表堂堂，特別注意修飾打扮，但辦起事卻不行，沒有魄力，缺乏手段，張三必定被人瞧不起。

李四儼然以能人自居，辦事呼風喚雨，聲勢頗大，但雷聲大雨點小，架子搭得大，戰線拉得長，收效卻甚微，李四必定讓人失望。

人們對張三李四有一譬：牆上蘆葦，頭重腳輕根底淺；山間竹笋，嘴尖皮厚腹中空。

實用原則影響人的個人行爲，也影響人的處世。

學藝講究具體實在。一板一眼、一招一式都能體現出深厚的功力，花拳繡腿式的東西最爲人不齒。

交友以有利爲準則。君子之交淡如水，即使是知己好友，也不必表現得如何親密無間，有事時大家一起來撮合把事辦成，平日裡各人做各人的，過多的禮節性拜訪，無具體事情的閒談都沒有必要。這種交友，先是互利互惠，再來才是性情相合。

做官以有為為標準。所謂「當官不為民做主，不如回家賣紅薯」，說的是為老百姓辦幾件實事、幾件好事；實事，就是政績，就是功勞，自然也就是資本。

實用、實在培養了中國人現實、入世的一面，培養了中國人腳踏實地、埋頭苦幹的精神和出神入化的實用技術，培養了中國人注重血親倫理、看重人情世故的社會心理。同樣是這種實用原則，卻導致中國人看輕抽象玄思，缺乏對無實用價值的東西的徹底追求精神，如關懷人類命運的哲學情懷，正是實用原則的另一面。

勤儉節約則昌

鋪張浪費則困，勤儉節約則昌，自古皆然。

遠古之時，物資貧乏，節用節儉便成為興國利民的重要手段。因而，古時候賢明的君主，為倡導節約，常制訂出一些具體的規定。

技藝　凡天下百工，如製車輪的、造車子的、製皮革的、燒陶器的、冶煉金屬的、當木匠的等，使各人從事自己擅長的技藝，足以滿足民衆需要便可。

飲食　足以充飢增氣，強壯手腳身體，使耳聰目明，就可以了。不極盡五味的調勻和香氣的調和，不招致遠方珍貴奇異的食物。

衣服　冬天穿天青色的衣服，又輕又暖和；夏天穿細葛布或粗麻布，又輕又清涼，就可以了。

房屋　房屋四旁可以抵禦風寒，上面可以防禦雪霜雨露，房屋裡面光明潔淨，可以祭祀，牆壁足以使男女分別居住，就可以了。

喪葬　衣三件，足以使死者肉體朽爛在裡面；棺木三寸厚，足以使死者骨頭朽爛在裡面；掘墓穴，要深但不通泉水，屍體的氣味不發洩出來。死者既已埋葬，生者就不要長久因喪致哀。

請不要在這些近乎苛刻的規範面前閉上眼睛。正因爲有這種尙勤節儉精神的傳揚，古人們才不至於被鋪張浪費、花天酒地的腐朽意識所淹沒，才一點一滴地積累起爲我們生存所需的物質文明。

言談

言談以怎樣為好？

墨子認為：夸夸其談而行動遲緩，即使能言善辯，人們必定不願聽；出力多而誇耀自己的功勞，即使辛苦，必定不為所取。

聰明人心中明白，但不夸夸其談，出力多但不自誇功勞。言談不求多，而求睿智；不求華麗，而求明察。

書面文字就是寫在紙上的言談，這種言談沒有直接的聽衆，只有間接的讀者，故只求自己表達舒服，不求讀者願不願看的現象更爲突出。因而，寫文章，做報告，必須具體實在，言之有物；華而不實，花裡胡哨的文風只能令人生厭。

事實勝於雄辯。任何事情都是幹出來的，而不是空談出來的。因此，少說大話，多做實事，必有所成。所謂桃李不言，下自成蹊。不要擔心自己的功勞和成績不爲別人知曉，將自己的言語化成行動，社會必將對每個人作出公正的評價。

禮教殺人

儒家實行厚葬，居喪時間長，做幾層的套棺，做很多衣服、被子，送殯像搬家一樣；三年服喪期內哭哭啼啼，別人扶著才能站起來，拄了拐杖才能行走，耳朵聽不見聲音，眼睛看不見東西。這足以喪亡天下。

＊　＊　＊　＊

按照喪禮，國君、父母、妻子、長子死了，要服喪三年；伯父、叔父、兄弟死了要服喪一年；族人死了，要服喪五個月；姑、姐、舅、甥死了，都有幾個月的喪期。這些都是應該廢止的。

——《墨子·公孟》語譯

孔子一語破天機

禮義規矩不應只是不飢不寒、生活富足下的產物。

孔子被圍困在陳國、蔡國之時，有一陣混得只有野菜湯喝，非常狼狽。後來實在憋不住了，孔子的弟子子路設法弄來了一隻小豬，蒸了給孔子吃，孔子也不問清肉從何而來便大嚼起來。子路又搶了別人的衣服，用來換酒，孔子也不問酒從何來張口就飲。鼓吹禮教的祖師爺一點禮義廉恥的影兒都沒有了。

後來孔子到了魯國，魯哀公久聞其大名，待爲坐上賓。在魯哀公的歡迎宴上，筵席擺得不端正孔子不坐，割下的肉不方正孔子不吃。

子路頗爲驚詫，上前問道：

「先生爲什麼跟在陳、蔡時的態度相反呀？」

孔子說：「過來，讓我告訴你。從前我們是苟且偷生，現在我們則是要獲取道義。」

飢餓困頓之時，則不惜妄取以求活命，禮義就被拋到九霄雲外了；到了飽食有餘之際，禮節規矩就來了。

如果禮義只在不飢不寒，生活富足的情況下才適用，那麼，這種禮義就該打個問號了。要麼是禮義本身是虛僞的，要麼鼓吹禮義的人是虛僞的。

死者與生者

生命是一種自然的過程。人都難免一死。

對每一個人來說，生是短暫的，死才是永恆。

死者死了，活著的人該怎麼辦？

一種是更加健康、積極地生活，以絢爛多彩的人生來祭奠死者的亡靈。這樣，死者的生命便可在生者身上得到了延續，代代相承之，而所謂歷史和民族就是這樣形成的。

祭奠死者，不僅是緬懷，而且是使生者更有生的勇氣。

戰時，前面的戰友倒下了，只會激起後面的戰士更勇猛地衝上前去。所以說，死不僅是肉體的消亡，它是爲生者鋪平前進的道路。

即使是非正常的死亡，如意外災禍、自殺等，也能夠帶給生者以提醒和反思。知道什麼是該做的什麼是要防患和警惕的。

另一種是不管情不情願，樂不樂意，整日爲死者哭哭啼啼，悲悲切切，人生道路從此蒙上陰影，從此失去許多選擇的自由。死者死了，生者也因此而進入半死不活的狀態。

爲失去親人、朋友而悲痛，這是人之常情，但因此而成爲對人的一種要求和規範，並由此而制訂出一整套禮節和儀式，則是一種罪惡。

最極端的就是君王或大臣死了，用活生生的生命（甚者有的還是兒童！）去殉葬，爲公開殺人找了一個最無恥的藉口。

其次就是丈夫死了，另召女人守寡，最好是跟著去死，被稱爲烈女，樹碑立傳以留後世。殺人不用自己動手，其手段更爲卑劣狡猾。

再次是久喪，國君或長輩死了，三年五載，大臣不理政務，農人不事農活，學子不讀書修業，生命就在不知不覺中被死人奪去了一大部分。

儒家在中國盛行幾千年，有利有弊，鼓吹禮教則爲弊端之首。

墨子反儒，重在反這些殘害人性的僵死的教條。

厚葬——害己又害人

墨子以為：

厚葬之風，一害自己，二害他人，實不該有。

人難免有一死，或重於泰山，或輕於鴻毛。但無論是泰山鴻毛，死後卻沒有兩樣，都是化作一股輕煙，一堆骨灰。人來自自然，又回歸自然。這是自然之理。

但有些人卻不信這個，偏偏要與自然規律較勁兒，活著想長生不老、不死，所以中國古代煉丹術特別發達，尋求長生不老的人也特別多。實在抗不過死，怎麼辦？那就搞厚葬，活著用不盡，死了帶著走。

仔細想來，這些人在世時並沒好好的生活過，一心想的是死後怎麼辦，該住什麼樣的房子，穿什麼樣的衣服，睡什麼樣的棺材，如何使那一堆死肉十年百年不爛……等等。於是，年紀輕輕就爲自己修墓穴，就把金銀財寶大批大批地往土裡面埋，就把自己的家奴、僕人殺掉陪葬。

這些人活著總在想死，死後還害人。

這些人能是吃不飽、穿不暖，上無片瓦、下無寸土的貧苦百姓嗎？厚葬之風，一害自己，二害他人，實不該有。

鼓吹厚葬的人，要麼是權慾薰天、心理變態；要麼是財迷心竅，腐化墮落；要麼是討王公大人的歡心，撈幾個賞錢。

這最後一類比前兩類更爲可惡。自己並不富有，卻鼓吹厚葬，很有那種在富人面前搖尾乞憐的味道。對廣大貧苦百姓來說，則又是一種麻痺和腐蝕，讓窮人放鬆警惕，以爲富人的荒唐有理，以爲富人的舉動值得羨慕，跟著眼饞心熱。

然而厚葬居然能成爲一種習俗和時尚，可見流毒之深。近代以來，文物出土不時爆出轟動性新聞，不少人爲發現了一座又一座古墓而奔走相告，這實是中國人的悲哀。在一具具殉葬的幼童骨骸面前，我們還高興得起來嗎？

厚葬在近代已不像古代那麼盛行，但流毒未曾肅清，因而在某些物質豐富精神匱乏的地區，又有死灰復燃之勢。

厚葬曾害了我們無數的先人，難道還能讓它繼續危害我們的後代嗎？

早在二千多年前，聖者墨子就對此痛加指責：

厚葬在王公大人家中，棺木必定要多層，葬埋必定要深厚，隨葬的文繡必定要繁富，墳墓必定要造得高大；這種情況在匹夫賤民家裡也存在，他們竭盡全力不惜傾家蕩產；在諸侯豪族家中，死人身上裝飾著金玉珠寶，束縛著絲絮組帶。並把車子、馬匹埋葬在墓穴裡，還要多多製造帷幕帳幔，鍾鼎和鼓、几筵、酒壺鏡鑒、戈矛寶劍、羽旄旗幟、象牙皮革，將這些東西放到死者寢宮一起埋掉，內心才滿足。至於生者陪死者而葬，例如：天子、諸侯死了殺掉的殉葬者，多的幾百，少的也有幾十；將軍、大夫死了殺掉的殉葬者，多的幾十，少的也有好幾人等；若此風盛行，國家必定貧窮，人民必定減少，刑法政事必定紊亂，生命將在這樣血腥的習俗中變得灰暗無光。

喪葬與人道

喪葬的本義是人道，但具體的喪葬行為中，卻有許多是違反人道的。

人死了，哀惋痛息，人之常情。祭奠以作永遠的告別，居喪以告慰逝者的英魂，活著的人能從這些儀式中感受到人世的溫暖和親情。

喪葬的本義是人道。但具體的喪葬行爲，卻多有反人道之處。

古時候王公大人辦理喪葬，必定是大棺套中棺，皮革裹三層，隨葬的璧玉準備好，加上戈劍鼎鼓壺大盆，刺繡衣服和白練，車馬的纓絡上萬件，車馬女樂也都準備齊全，還必定要除清墓道，修建的陵墓比山陵還高。

如此巨額的財富是百姓的血汗換來，就這樣的輕易地埋到地下，加劇了百姓生活的貧困。

現代人不以古人爲鑒，曾做出一些錯上加錯的蠢事。有權的迫令職員下屬爲自己過世的親人披麻戴孝；有錢的大肆修陵鑿墓，不知用這些錢來爲社會多行善事。這種事雖不如古時候普遍，但也足令人深省。

古時候居喪的方式，更無人道可言。

無論是否眞的哀痛，也無論是否心甘情願，都必須按既定的程式行事：哭泣不分晝夜以致聲咽，披痳戴孝痛哭流涕，守在墓旁邊的茅屋裡，睡在茅草上並枕在土塊上，還能相互強制不進食而挨餓，少穿衣服而受凍，弄得臉色又黑又黃消瘦不堪，耳朵聽不清，眼睛看不明，手腳無力，不聽使喚。

可見，凡屬與人道相悖的喪葬，都該廢止。

現今已沒有古時候的喪葬儀式了，但實質上相仿東西，是否還在束縛著我們呢？

虛名誤人

公孟子戴著禮帽，腰間插著記事用的木笏，穿著一身儒服，來見墨子，說道：

「君子是先講究服飾，然後有一定的作為呢，還是先有一定的作為，然後再講究服飾？」

墨子回答說：

「有作為不在於服飾。」

——《墨子・公孟》語譯

臭豆腐與罌粟花

外在美好的東西固然可以給人帶來聲譽和實惠，但卻也容易使人忽略內在氣質節操的修養，從而失去心靈的充實，失去更大更多的作為。

「腐乳」在某些方言中又稱爲「臭豆腐」。這種食品就是讓豆腐發酵，變質變味，然後食用。沒吃過臭豆腐的人，看見它髒，聞其味臭，不敢動筷子；但只要嚐一嚐，別有風味，令人大飽口福。

鴉片之毒人人可知，但有些人不知道製造鴉片的植物罌粟花卻分外嬌艷可愛。

這裡要說的是外與內的問題。

俗話說，愛美之心，人皆有之。這個「美」，主要是指人的風度氣質、形象容貌。近些年出現了「追星族」，也都是衝著這些炫人眼目的外在東西來的。爲浮淺華麗的外表所惑，已成爲時代的通病。

外在的美好的東西固然可以給人帶來聲譽和實惠，但卻也容易使人忽略內在氣質節操的修養，從而失去心靈的充實，失去更大更多的作爲。

因而，臭豆腐式的人更具有征服性的力量。這種人的美是經過釀造、蛻變而來，嘗到了千辛萬苦的滋味。一個作家十年寒窗創作出一部傳世之作，他獲得的聲譽常不如一夜走紅的歌星，但他一定更懂得珍惜來之不易的成功。兩個人賽跑，一個人總擔心路邊淤泥濺髒了自己漂亮的衣裝，而另一個人只顧飛也似的向前，結果必然是後者獲勝。

臭豆腐式的人不必悲觀，沒有人來打擾你平靜的生活，沒有人強迫你按他們喜歡的樣子說話走路。這樣，你可以靜心地幹自己想幹的事，順順當當地安排自己滿意的生活。

邯鄲學步

事物的存在總要以某種形式體現出來。

事物的存在總要以某種形式體現出來。比如人出門會客要穿好衣服，這穿好衣服是一種形式，沒有這種形式可不行。開大會時要舉行開幕式，開幕式也是一種形式，沒有這種形式成百上千的與會者就聚攏不起來，大家若連會議的時間、地點都弄不清楚，這會怎麼開？

可見形式是非同小可的，忽視不得。也許正因爲它太重要了，使許多人對它恩寵有加，格外親熱，弄出一些讓人生厭的形式來。

於是，形式便有了差別：有用的形式和無用的形式。

無用的形式常常打著有用的形式的旗號出現，讓人分不清眞假，被套進形式主義的圈圈裡鑽不出來。

莊子講了一個「邯鄲學步」的笑話，活現出形式主義者的滑稽可笑。

燕國壽陵地方的人，走路的樣子八字朝外，搖擺蹣跚，十分難看。當地有個土生土長的小伙子聽說趙國邯鄲人走路的姿態很優美，就跋山涉水前去學習。

小伙子風塵僕僕來到趙國首都邯鄲。果然，只見繁華大街上，人人走路的姿勢都十分優雅，一抬手一舉足，都顯示著高貴的風度。小伙子自慚形穢，連忙跟著行人模仿起來。

學了幾天，越走越彆扭。小伙子想，一定是因爲自己的惡習太深了，不徹底拋棄自己的老步法，肯定學不好新姿勢。於是，這位小伙子從頭學起，每邁一步都要仔細推敲下一步的動作，一擺手、一扭腰都要認眞計算尺寸。他雖然學得很努力，卻還是沒有學會邯鄲人走路的姿勢，反倒把自己原來走路的樣子也忘了個精光，當他要回燕國的時候，手足無措，只好在地上爬著回去。

對學步的小伙子來說，形式不僅無用，而且害人。他若能醒悟，便能知曉形式的害處，若不能醒悟，則害人尤甚。

生活需要瀟灑

個人愛好搞形式、擺內面，這類作為懋得很、悶得慌，實在很不瀟灑。然而若一國上下盛行此風，則後患無窮。

形式主義討人厭，爲什麼又有那麼多人喜歡它呢？

熱衷於形式的人，覺得它十分可愛，不需要眞才實學，不需要埋頭苦幹，不需要持之以恆，走走過場，擺擺樣子，就可以撈到許多實惠。在田裡頭抓把鐵鍬照張像，便可宣傳成深入基層，參加勞動的形象；在專業鑑定會上講幾句話，便可被譽爲相當入行的專家；坐幾次飛機、出幾趟國，就有了「喝過洋墨水」的資本。形式主義屢禁不止，就在於有這一批鐵杆「保鏢」。

厭惡無用的形式的人對此深惡痛絕，把它看成是殺害生命的凶手。無聊的官場應酬、「文山會海」中的生活都只不過是浪費生命。爲形式而活，懋得很，悶得慌，實在很不瀟灑。

個人愛好搞形式，只是活得累，沒啥意思而已。若一個國家也形式主義猖獗，則後患無窮。

彼棄我取

墨子以為做人不能隨波逐流，愈是社會所忽略、所疏露、所輕視的事情，愈是該努力去做。

所謂「人棄我取」這才是眞正聰明人明智的選擇。

墨子從魯國去齊國，探望了老朋友，老朋友對墨子說：

「現在天下沒有誰在行義，你偏偏自己受苦去行義，何苦呢？」

墨子想了想，回答說：

「有一個人，他有十個兒子，只有一個兒子耕種，九個閒著，那麼從事耕種的那一個兒子不能不更要加緊幹活了。什麼緣故呢？就是吃飯的人多而耕種的人少。現在天下沒有誰行義，那麼你應該鼓勵我呀，爲什麼阻止我呢？」

墨子的話很值得我們深思，在一個浮躁媚俗的時代，人們的思想傾向常常被時代捲起的浪潮所左右，失掉對高尙的目標和健全的人格的追求。在那個荒唐的「文化浩劫」的年代，人與人之間沒有信任和友誼，只有猜疑和爭鬥，兒子揭發老子，妻子與丈夫「劃清界線」成一種時尙。今天中國又處於一個新的重物質輕精神的環境之中，「有錢的是大爺」，「笑貧不笑娼」，金錢，在許多人眼裡，已成爲衡量一切的最高標準。

時代總是有缺陷的，總是將某一點推向極端的同時而將其他的方面拋到腦後。爲此，我們該怎麼辦？

墨子認爲不能隨波逐流，愈是社會所忽略、所疏漏、所輕視的事情，愈是該努力去做。彼棄我取，這才是眞正的聰明人明智的選擇。

然而要眞正做到這一點確實很不容易。人的思維能力畢竟有限，難保不受到社會環境的影響和引誘。

墨子的朋友公孟子就很不理解墨子，他說：

「比如美女，住在家裡不出去，人們爭著追求她；但如果她行走著自我兜售，那就沒有誰娶她了。你現在到處向別人遊說，多麼勞苦呀！」

墨子自有主見，他的看法是：

「現在社會混亂，追求美女的人很多，美女當然不出門，也有很多求愛者。現在追求善的人少，如果不盡力向人們遊說，就沒有人知道善了。假如這裡有兩個算卦的人，一個待在家裡不出去，一個外出為人卜筮，那麼，外出的人必定比待在家的人收穫大。」

當旁人都去「示威遊行」，去遊玩享樂，你能躲在家裡靜心讀書；當旁人逼著小孩去賣冰棒燒餅，而你卻堅持送小孩上學；當旁人都唯利是圖，你卻始終將端正的品性放在首位，不為眼前利益所動。如果真能做到卓立不群，則必須牢記如下幾點：

- 要比旁人想得更多，想得更遠。
- 要耐得住寂寞，千萬不能湊熱鬧。
- 愈是困難時愈要能挺得住，千萬別洩氣。

做一個受人尊敬的人

古時有幾句話，說：「一隻眼睛所看到的，不如兩隻眼睛所見；一隻耳朵所聽到的，不如兩隻耳朵所聽；一隻手所操持的，不如兩隻手那麼強。」唯因能自身信誠從事，所以能事事順利。

——《墨子‧尚同》語譯

治理天下的國家，如治理一家；使用天下的百姓，如使用一個人。

——《墨子‧尚同》語譯

人緣

有的人處事玲瓏，善結人緣，所到之處都可吸引很多人，有的人則偏好獨處。

而這些卻非天生，然而仔細想想，也許還有深意在。

有一種人很有號召力，向心力，凝聚力。

若鼓動革命，登高一呼，應者雲集，呼啦啦就拉出了一支隊伍；若發表演說，台心一站，全場激奮，無不爲之動容，爲之熱血沸騰；若指揮作戰，大刀一揮，千軍萬馬就可以掩殺過去。

這種人並非天生的。在平民百姓當中，也處處可見這種人。倘若他生病了，便有許多人千方百計打聽住所，跑到醫院去看他；倘若他要搬家，只隨便說了一聲，便有好些人自告奮勇來幫忙。這些人不可能從他那裡得到什麼好處，他們壓根兒也沒這麼想，只是心甘情願。

這種人很會處世，走到哪裡都可以形成一個以他爲中心的小圈子，總有人樂意上他家串門子，可以說他在生活中游刃有餘，很讓人羨慕。

另一種人就不行。不用說千軍萬馬、掌聲雷動的場面了，那是想都不敢想的。平日裡，總不大愛合群，也沒有可以說私房話的知心朋友。說的話沒人聽，想辦點事難上難。你要說他爲人不好，心眼壞吧，也不見得。他心眼不壞，爲人也正直，不說三道四，不坑害好人，不違法亂紀，可就是一點磁性沒有，什麼都吸不住。

這是爲什麼？

表面上看，前一種人善結人緣，後一種人偏好獨處。仔細想想，也許還有深意在。

人格魅力

魅力與權勢無緣。權勢可以使人畏懼，但不能使人敬仰。

魅力與金錢無關。金錢可以使人富有，但不能使人高尚。

無論高尙還是卑下，凡人都有人格。

人格是人區別於動物的一個標識。說一個人喪失了人格，就等於說他沒有人格，與動物無異。

有的人受人敬仰，爲人喜愛，那是因爲他有人格魅力；有的人令人討厭，被人瞧不起，那他就毫無魅力可言。

魅力與權勢無緣。權勢可以使人畏懼，但不能使人敬仰。

魅力與金錢無關。金錢可以使人富有，但不能使人高尙。

所以，說人人都有人格，不等於說人人都有魅力。

有魅力的人做領導，屬下都樂意與他接觸，很有利於開展工作。無魅力的人做領導，要麼以勢壓人，搞個人集權；要麼束手無策，窮於應付，這種人是難以打開局面的。

那麼，魅力是什麼呢？

請先看一則小故事：

一次，墨子聽說楚王請公輸盤造了攻城的雲梯，準備攻打宋國，非常著急。他從齊國動身，晝夜兼程趕到楚國的郢都，先後說服了楚王和公輸盤，停止攻打宋國。

楚王講理講不過墨子，便耍賴，說：「你很會講道理，但公輸盤已爲我造好了雲梯，作好了準備，看來是非攻不可了。」

墨子知道不給他一點顏色，楚王是不會善罷甘休的。

於是，他便與公輸盤兩人在楚王面前鬥法。墨子解下腰帶當城牆，用小木札當武器，公輸盤先後設計了九種攻城的武器，都被墨子一一化解。公輸盤攻城的法子用盡了，墨子的守城戰術還綽綽有餘。

公輸盤鬥輸了，突然叫道：「我知道怎樣制服你了，我不說。」

墨子卻回答說：「我知道你想怎樣制服我，我也不說。」

楚王問道：「這是爲啥？」

墨子覺得該徹底打破他們的夢想了，便朗聲說道：「公輸盤的意圖，不過想殺掉我。殺了我，就沒有人替宋國守城了。但是，我已召集了三百人，由我的學生禽滑厘率領，拿著我製造的武器守候在宋城上，準備給進攻的楚軍迎頭痛擊，即使殺了我，城照樣攻不下來。」

楚王理屈計窮，不得不停止攻宋。

墨子智勇雙全的人格魅力感染了他的對手。楚王打消侵略的念頭，包含著對墨子品性和才智的敬佩。

魅力五要素

魅力五要素：

意志、思想、膽略、慧敏、情趣。

一個人要想有魅力，至少要具備五方面的素質：

意志

意志這玩意兒看似最虛，其實最實。

有時一個人的成功並不是靠他的聰明伶俐，一個人的爲人敬重也不是靠他的聲威顯赫，而全然是靠他過人的意志。在面臨重大挫折時，在經受死亡威脅時，意志就是生命本身。有意志則活，無意志則死。同樣的事情，同樣的條件，別人做得到你做不到，那就是你的意志不如別人。

思想

思想是什麼東西?思想就是在黑屋子裡開一扇窗戶，就是在成千上萬頭牛群中一眼看出其中藏著一隻鹿，就是在爬到半山腰後，大伙兒都說往下撤，你卻知道再爬幾步路就好走多了。簡單地說，這就是思想。

膽略

一個姑娘被持槍者劫持進一座高樓做人質，警察將高樓圍得水泄不通卻不敢貿然進攻，僵持的局面已拖得很久，姑娘的生命危在旦夕。這時有一個青年站出來了，他赤手空拳走進大樓去，面對劫持者的槍口與他對話，劫持者終於放下了武器。這位青年一定會贏得姑娘的芳心。這就是膽略，就是一個人不計個人安危，同時又能轉危爲安地去做一件有意義的事。

慧敏

人們都喜歡早慧的孩子，稱讚他天資聰慧，逗人喜愛。如晉王戎七歲識苦李，唐王勃少年作《滕王閣序》，都是千古傳頌的佳話。慧敏之人有時被稱爲「人精」，別人感受不到的細膩他感受得到，別人想不出的主意他想得出。生活中三百六十五行，行行都有慧敏之人，他們大多是出類拔萃的人，慧敏就是對生活的發現。

情趣

有一種人生活古板、單調，也許他自己覺得沒什麼，他喜歡這種生活方式，但卻很難激起旁人對他的興趣，因爲在這種人身上看不到人的豐富多彩，感受不到情趣給人帶來的愉悅和享受。從個人生活上講，勞苦奔波主要是爲了謀生，爲了養家餬口，在許多情況下是勉爲其難，無可奈何，而情趣才是自己主動的選擇，是享受生命的方式。或唱歌跳舞，或對奕撫琴，或釣魚摸蝦，或攀岩戲水，人的情趣千差萬別，但無外乎是爲了實現欣賞自己的目的。情趣是生命的一種神采，沒有情趣的人生必定暗然無光。

平等待人

始終如一地平等待人，便活出了做人的滋味，懂得了做人的道理。

人生而平等。這是從理論上講的。實際上，自打從娘胎裡出來，人與人就很少有平等的時候。王公大人的嬌子與孤兒院裡的棄嬰能平等嗎？富甲一方的豪紳與沿街乞討的「叫花子」能平等嗎？

平等太少。因而人們習慣於把不平等視爲正常，把平等視爲不正常。

媳婦在婆婆面前低眉順眼，小心翼翼，一旦自己熬到了婆婆的位子上，便忘了自己當媳婦時的屈辱，在媳婦面前擺出一副唯我獨尊的架式，將對自己婆婆的不滿發洩到自己的媳婦身上。

小秘書專門爲上司代筆寫稿子，上司美名四揚，秘書也練就一手生花妙筆。可秘書變成上司後，卻再不願自己動手撰文了，又由新的秘書爲自己代筆。

長期的不平等環境培養出人的兩種意識：主子意識和奴才意識。就是沒有平等意識。

因而，能以平等之心待人便顯得愈發珍貴。貴不自傲，賤不自卑；得意不張狂，失意不卑微；童叟無欺，上下無別。這才是人的眞性情，眞品格。

平等待人，不僅能使人獲得好的名聲，爲周圍的人所敬重；而且，平等待人，才能辦眞事，辦好事，辦大事。偉人說：虛心使人進步，驕傲使人落後。驕傲就是自以爲是，目中無人，傲慢無理，這種人遲早要栽跟頭的。而謙虛的人，多以別人的長處對照自己的短處，樂意向比自己地位低下、年紀小的人學習求教，始終懷著平等自然之心。這種人必有所成。

墨子往南遊歷到楚國，去見楚惠王，楚惠王以年老推辭不見，只派了穆賀來見墨子，頗有幾分傲慢之意。墨子不予計較，便向穆賀講述治國的道理，穆賀大喜，對墨子說：

「你的主張，確實是好啊！但是君王，是天下的大王，恐怕他會說是賤人幹的，而不加採納？」

墨子回答道：

「只要它是可行的就應該採納。譬如藥一樣，一把草根，天子吃了它而治好自己的病，難道會說這是一根草根而不吃嗎？農民繳納租稅給貴族大人，貴族大人釀美酒、做祭品，用來祭祀上帝鬼神，貴族大人難道會因爲是賤人種的而不享用嗎？」

墨子還講了一個商湯的故事：

從前商湯將去見伊尹，讓彭氏之子駕車，彭氏之子在半路上問道：「你要到哪裡去？」商湯回答說：「我要去見伊尹。」彭氏之子說：「伊尹是天下的賤人，如果你想要見他，就派人召他來問問，他算是受到恩賜啦！」商湯說：「此言不對。如果這裡有一種藥，吃了它耳朵加倍靈敏，眼睛加倍明亮，那麼我必定高興地盡力吃藥。現在伊尹對於我們國家，好比是良醫善藥。而你不想讓我見到伊尹，這是你不想讓我好呀。」

墨子說得好，平等待人並非是給了對方多大面子，而是善待珍愛自己的行動。你敬人一分，人敬你一尺。

你給別人一分尊重，別人給你十分信任。

始終如一地平等待人，便活出了做人的滋味，懂得了做人的道理。

尚賢重才

狹窄的小河乾涸得極快，水淺的溪流很快就會枯竭，堅硬貧瘠的土地長不出莊稼。

江河的滔滔大水，不是一個源頭的水匯流而成的；價值千鎰黃金的裘皮，不是一隻狐狸腋下的皮毛所做成的，哪裡有將同道的人才棄置不用，卻只任用苟同於自己的人的道理呢！

＊　＊　＊　＊　＊

優良的弓很難拉開，但它可以射向極高和極深處；優良的馬很難駕馭，但它可以載著重物到達遠方；傑出的人才很難支配，但他可以使國君受到尊敬。

——《墨子・親士》語譯

公正即平衡

公平依賴於人們對事物進行客觀公允的評判，而人有差別、私慾，因此公正在實質上只是一種平衡，大多數人通得過，就算公正了。

人們總是不斷地尋找著公正，正說明生活中的公正實在是太少了。「這事太不公平。」人們常會這樣發議論。但不公平照樣不公平，絕對的公平永遠只是一種理想。

公平依賴於人們對事物進行客觀公允的評判。評判因人而異，無論評判規則如何精細入微，公平也只能是相對而言。就像體操、跳水等體育比賽項目一樣，評委們手裡的評分細則都是一樣的，但得分卻不盡相同，有時甚至是大相徑庭。公正的缺乏一是因爲人有私欲，二是因爲人有差別。

鄒忌的故事就是一例。

齊國人鄒忌是一個長得魁偉漂亮的男子。一天早上，他穿好衣服，對著鏡子，問他的妻子說：「你看我比那住在城北的徐公哪個漂亮些？」妻子答道：「你很漂亮，徐公哪能比得上你呢？」

徐公是聞名齊國的美男子。鄒忌不相信自己會比徐公更漂亮，便又去問他的妾：「你看，我和徐公比，哪個漂亮些？」妾說：「徐公麼！他哪能比得上你呢？」

過了一天，有個客人來訪談，鄒忌又順便問了問客人，客人的回答也同樣是：徐公沒有他漂亮。

一日，徐公來了，鄒忌就把徐公的面貌、身材、姿態等各方面仔細打量一番，又暗中和自己相比，始終看不出他比徐公漂亮。徐公走後，他又照了一回鏡子，更覺得自己大爲遜色。

鄒忌晚上睡在床上想了又想，終於得出一個結論。

「妻子偏愛我，當然以爲我漂亮；妾呢，她是怕我的，所以也拿謊話取悅我；至於客人當面捧我，那還不是因爲他有求於我嗎？」

多一份私慾，便少一份公正。

排除私慾不言，或者壓根兒就沒有私慾，一心想公正客觀的看待事物，卻也未必能盡如人意。同一個人品茶，這會兒品出的是口感，過一會兒品出的是韻味，再一會兒品出的卻是香氣。

有時，愈是想獲得客觀公正，離客觀公正愈遠。

公正實質上只是一種平衡。大多數人通得過，就算是公正了。

「人才」不是桂冠

現代社會的競爭就是人才的競爭，然而人才不是桂冠，不可以隨意送人。

古人說，國亂思良相。太平時期不覺得，常常讓奸臣當道，到了危難關頭良相的作用就出來了，沒有這些經天緯地、安邦治國的傑出人才，國家將永無寧日。

現代人比古人說得更明白：現代社會的競爭就是人才的競爭。有了人才，沒有一切可以創造一切；沒有人才，有了一切可以丟掉一切。

一個人可以救活一個企業，可以盤活一家工廠。

一個人可以作出一種高精尖端的科技發明，從而改變一門科學的面貌。

一個人可以扭轉戰場的被動局面，打贏一場戰爭。

古人曾把世界歷史的創造想像成個人的力量所爲，於是有黃帝、炎帝、女媧、盤古、共工、倉頡、神農、伏羲等半人半神的傳說。

現代人同樣創造了現代的「半人半神」的神話。現代社會成爲少數「傑出人才」主宰的社會。少數人因爲是「人才」而不可一世，多數人因爲不是人才而自認倒楣。

當人才的作用被誇大以後，其結果將會適得其反，使個人爲虛名所傷，並在社會上助長出重形式輕內容的壞風氣。

人才成了一頂「桂冠」，可以隨意送人。某某人一旦被認爲是「人才」，要麼得名，要麼得利，要麼兼得。因而，許多人便想方設法使自己成爲「人才」。

有的人抄襲剽竊，有的人冒名頂替，有的人憑空揑造。種種招搖撞騙、弄虛作假的欺騙行爲，一方面使眞假人才難分；另一方面，也使人應有的人格和良心日漸喪失。

當人才與名利聯繫起來後，「愛惜人才」、「發現人才」便成了某些人獲名獲利的一條捷徑，眞正的人才卻因此而受到壓抑。

田饒是戰國時有抱負的政治家，他曾給魯哀公講過一個大雁和家雞的故事。一天，田饒背著行李來到堂上，向哀公告辭。

魯哀公吃驚地問：「你要去哪裡？」

田饒答道：「我要去學鴻雁高飛。」

「這話怎講？」

田饒說：「大王經常看見雞吧！雞頭戴冠，有文；腳長距，有武；敵在前敢鬥叫做勇；奪到食物相互叫喚叫做仁；天天啼明從不誤時叫做信。雞雖然五德俱全，大王卻一日三餐殺雞下酒，從不把它放在心上。再說大雁吧，千里飛來，在大王御花園池塘歇腳，吃盡大王養的魚蝦，糟蹋百姓種的稻穀，它是一德也不具備，可大王卻那樣喜歡大雁，不准人們射殺。這是什麼緣故？因爲大雁來得遠，比較稀罕，雞離得近，見慣不愛了。」

魯哀公所爲，若是個別現象，倒也罷了；若有一種類似的社會風氣，只圖虛名不重實際，那麼禍害就大了。

長處與短處

寸有所長，尺有所短。

善於用才者，就是善於寬容、化解對方缺陷的人，此所謂「揚長避短」。

老鼠掉進了一只桶裡，怎麼也爬不出來，急得「吱吱」直叫；大象走過來，見老鼠可憐，將長鼻子伸進桶裡去，輕輕一帶，就把老鼠救了出來。

老鼠感恩戴德，再三表示要報答大象。

大象樂了。小小的老鼠能報答我什麼？

不久，大象在森森裡中了埋伏，被獵人預先準備好的繩索捆了個結結實實，動彈不得。大象感到末日來臨，伏在地上痛哭起來。

這時，老鼠趕來了。他爬上大象的背部，咬掉了繩索，救出了大象。老鼠終於實現了它的諾言。

大象身高鼻長的長處，此刻卻成了它的短處，無論如何也解不開身上的繩索；老鼠個小嘴尖的短處，此刻卻成了它的長處，咬斷繩索易如反掌。

因有某種長處，使一個人成爲人才，而這一特長，往往又是短處所在。長處愈長，往往短處愈短。這雖不算規律，但卻是相當普遍的現象。

張飛勇猛無比，嫉惡如仇，卻粗心魯莽，容易好心辦壞事；關羽重情重義，爲人忠誠可信，但有時卻失去了界限，分不淸敵我。

短處，也就是缺陷。四平八穩，沒有缺陷的人，便不可能是才華出衆的人。良弓難拉，卻射得遠，良馬難駕，卻跑得快。人才優點突出，則缺點也突出。會繡花寫字的人，卻不會帶兵打仗；會經營賺錢的人，卻不知如何做官。善於用人者，就是善於寬容、化解對方缺陷的人，此所謂揚長避短。

從某種意義上說，人才即缺陷，有長就有短。明白了這一點，求全責備的事就會減少許多。

人才即憑藉

所謂：「好風憑藉力，送我上青雲。」

南方有一種名叫鷦鷯的鳥，用羽毛做窠，還用髮絲編織起來，但卻把它托在蘆葦穗上面。大風一來，蘆葦被吹斷了，鳥巢隨之掉了下來，鳥蛋打破了，小鳥也跌死了。鳥巢並不是不牢固，而是所托的蘆葦太脆弱了。

西方有一種叫射干的植物，莖只有四寸長，但由於生長在高山上，又面臨七十丈的深淵，遠望過去高不可攀。植物本身並不長，這是因爲生長在高山上的緣故啊！

這是荀子講的一則故事。他想說明一個道理：人的聰明才智，是靠學習得來的。

墨子講過許多抵禦侵略、守城禦敵的戰術，無一不是借助武器、屏障等來實現。如：用「技機」投擲，撥掉敵人爬城工具，用火把、開水淩迫敵人，用點燃的竹「苔」從城上往下罩敵人，用沙石打敵人的頭等。

有詩云：好風憑藉力，送我上青雲。人才即憑藉。這個道理值得想有所作爲的人們三思。

滿招損

驕傲的人最容易出差錯。

孔子帶著他的弟子瞻仰魯桓公宗廟，在案桌上發現一只形狀古怪的酒壺。孔子問守廟人：「這是什麼酒器？」

守廟人道：「是君王放在座位的右邊作爲銘志用的酒壺。」

「啊，我知道它的用處了！」孔子回頭對弟子們說：「快取清水來，灌進這口酒壺裡。」

弟子舀來一大瓢清水，徐徐注入酒壺，大家都屏息靜氣地看著。只見水注入不多時，壺身開始傾斜了；接著當水達到壺腰時，酒壺卻又重新立得端端正正的；再繼續灌，水剛滿到壺口，酒壺就砰的一聲翻倒在地。大家都莫名其妙，一齊抬頭看孔子。孔子拍手嘆道：「對啊，世上哪有滿而不倒的事啊！」

子路問：「老師，請問這個酒壺虛則傾，中則正，滿則倒，其中可有道理？」

孔子回答說：「當然有。做人道理也同這只酒壺一樣，聰明博學，要看到自己愚笨無知的一面；功高蓋世，要懂得謙虛禮讓；勇敢英武，要當作還有怯弱；富庶強盛，要注意勤儉節約。」

宇宙無限，世界廣大，每個人的認知都是有限的。在大千世界面前，驕傲自滿只能顯示其淺薄無知。然而人又特別易犯驕傲自滿的毛病，因而常常提醒自己就顯得不可缺少了。

追求眞知

求真

辯的目的，是要分清是非的區別，審察治亂的規律，辯明同異的所在，考察名實的道理，決斷利害，解決疑惑，於是，要探討萬事萬物本來的樣子，分析、比較各種不同的言論。用概念來反映事物，用判斷來表達思想，用推論來揭示原因。

——《墨子・小取》語譯

求白馬，牽來了小白駒，卻說沒有求得，這裡「求」沒有錯，但「說」是錯誤的。至於緣木求魚，當然得不到魚，這個「求」才真正是錯誤的。

——《墨子・大取》語譯

從勤學中求真

大凡成事業者也常是勤學者，這世界的萬事萬物都是他們採尋眞理的途徑和方法。

孔子說：三人行，必有我師焉。與人相處，別人總有值得自己學習的地方，孔子的勤學是有名的。他「入太廟，每事問」，倡導求學要「不恥下問」。但他的爲學大都在人倫道德一類，很少過問自然之理，且有些淸高的架子。

墨子在孔子之後，年輕時潛心研習過孔子的學問。墨子出道時，孔子已經是一個大名人了。因而，墨子算得上是孔子的學生一輩。

墨子在勤學方面是聽了孔子的話的。一次墨子出遊衛國，車廂裡堆滿了書，他的學生弦唐子看見了，覺得很奇怪。問道：

「先生帶了這麼多的書，爲的是什麼？」

墨子說：

「從前周公旦做宰相，早上讀書一百篇，晚上會見七十士，……現在我既不當官，又不種田，豈敢廢書不觀！」

大凡成事業者也常是勤學者，勤學者方式相同，用心各異：

圖謀個人的飛黃騰達

就有一則古訓告誡後人要努力學習，面授機宜似地說：「讀讀讀，書中自有黃金屋；讀讀讀，書中自有顏如玉。」赤裸裸地暴露出讀書學習極端自私的目的。

現代社會中爲考試而勤學的現象比比皆是，或爲了晉升某一層次的職稱，或爲了換取某一級別的「烏紗」，或爲了「跳槽」謀一份淸閒的差事。這種「勤學」，不僅與知識無涉，與社會無益，且養成了人投機取巧、偸奸耍滑，弄虛作假的惡習，成爲現代社會蔑視道德修養和科學精神的一大公害。

探尋自然的道理和做人的法則

這一類是眞正想從勤學中求實、求知、求眞。

現代人是有幸的。前人爲我們積累了許許多多的知識，讓我們不費吹灰之力就可以掌握許多自然之理，懂得許多處世的方略。我們也許絲毫不懂動力原理，卻可以舒舒服服地乘飛機坐火車；我們從來就沒去過南極，卻知道那個地方冰天雪地，冷得夠嗆；我們見了人就知道握手問候，說聲「你好」。這些都受惠於我們的前人。

現代人又是不幸的。處於知識爆炸的時代，在人類已有的知識積累中，過時的無用的東西愈來愈多，人類面臨著「知識垃圾」的包圍，被這些垃圾引入歧途，而離世界的本眞愈來愈遠了。

因而，單純的機械的書本學習，即使是頭懸樑、錐刺股，也不能算勤學，而只是偷懶。從前人的書本裡找捷徑，圖方便，所獲得的人生感受和眞知灼見，畢竟是很有限的。

一個聰明的現代勤學者，生命中的每一分每一秒都是學習的時機，都可以增長新知。大街上一豎起了廣告牌，便知道又出 現了新產品；買回一輛自行車，自己也成了一名修理工；遇到一個迷路的小孩，想方設法把他送回家……當他以整個社會爲課堂勤學不輟時，他就可以成爲一個眞正的人。

這種人與那些急功近利，撈取個人好處的人完全不同。蘋果從樹上掉下來，炊壺裡的開水掀翻了壺蓋，母雞如何孵出小雞，太陽爲何總是從東邊出來。世界萬事萬物都是他們探尋眞理的途徑和方法。

從推理中求眞

推理能給人帶來眞知，帶來機敏和智慧。

推理，是人進入社會、學會思考的關鍵的一步。

《晏子春秋》中有一則故事，深得推理之妙。

一次，晏子代表齊國出使楚王設宴招待。酒過三巡，只見兩個小官捆著一名犯人走進大廈，楚王故作驚訝地站起來問道：

「你們綁的是何人？」

小官的稟報：

「是齊國人，是個小偷。」

楚王轉過頭看看晏子說：

「哦，是你們齊國人，齊國人都是慣於偷東西的嗎？」

晏子站起身，打了一個流傳甚廣的比方：

「我聽說，桔子生在江南，就結出桔子；移到淮北，就長成枳實，葉子雖很相似，果實的味道卻大不相同。這是什麼原因呢？因爲水土的差異。老百姓生長在齊國，從來不會偷東西，到了楚國卻會偷，請問，這是不是因爲楚國的水土使人善偷呢？」

楚王玩了一點文字遊戲，想佔晏子一點便宜，沒想到晏子以其人之道還治其人之身，推理出一個令楚王無言以對的結論。

推理能給人帶來眞知，帶來機敏和智慧，也可能帶來荒謬和錯誤。

小孩玩火燙了手，旁的小朋友便都不敢玩火了。儘管他們並沒有被燙的直接感，但伙伴的失手給了他們一個提醒：那東西拿不得。這就是一個簡單的推理。

當對岸冒出青煙，岸這邊的人馬上會說：對岸有火。這是經驗讓人形成的推理。因爲煙是火所生，火因煙而顯。

我們說人是由人猿進化來的，中國經歷了古人、新人等幾個階段，然後才有人類歷史，至於怎麼知道的，通過一些考古文獻推論而來的。

個人局限於親知，永遠只能是井底之蛙；人類局限於親知，永遠只能在原地踏步。

推理就是聯繫，就是想像，就是運動。

推理顯出人的邏輯性，沒有邏輯，便是雜亂無章，就像一堆雜草一樣，誰也弄不明白是怎麼一回事。

譬如，所謂愛人，必須是普遍地愛所有的人才可以算是愛人，所謂不愛人，卻不定要所有的人都不愛才算是不愛人。

這話怎麼講？

第一句前提是肯定的，結論也是肯定的，第二句前提是肯定的，結論卻是否定的。人世間相親相愛，應不分貧富貴賤，但對於兇敵敗類，卻不必放在愛的行列中，不愛兇敵敗類，不能算是不愛人。

又譬如，不是沒有安身之處，而是我不能有苟且偷安之心；不是沒有富足的財物，而是我不能滋生滿足的念頭。

這話怎麼講？

這兩句都是並列選擇句，用「而是」來表示對後者的推崇和選擇。安身之處是有的，但心不能偷安；財物是有的，但不能滿足，由此衍生出一種不斷進取，永不苟且的奮鬥精神。

從一般人類生活常識，到高精尖端的現代科學技術，到人世間各種深邃的人生哲理、體系龐雜的哲學與宗教，都需要闡發和解說，而這，就是從推理中求眞的全部奧秘。

從比照中求眞

社會在對比觀照中得以互相認識，個人在比較思考中確立正確的位置。

宇宙洪荒，世間萬物，人類都能夠認識和把握，靠的是對照和比較。

地球自轉一周二十四小時，公轉一周三百六十五天，是在與月亮、太陽的比較中得出的正確結論，沒有月亮、太陽，人類可能就是另一種樣子了。

我們說航天飛機、宇宙飛船快，說黃牛拉車、蝸牛爬樹慢，也是比較出來的，航天飛機與黃牛可以比，一切運動物體便都可以比。

因而，古往今來，人們對比照有許多獨到的認識。譬如：不比不知道，一比嚇一跳、比上不足，比下有餘、向先進看齊……等等。

世界處於一種二級對應的模式之中，大與小、多與少、長與短、粗與細、好與壞、善與惡、美與醜、正與反、陽與陰……無不以比爲前提，又以比爲結果。

大千世界客觀運動規律及人世間玄妙的處世哲理無不蘊藏在比照之中，或從比照中發生出來。

落一葉而知秋。是說見到一片枯黃的樹葉落下來，便知道秋天就要來臨了。這是從與過去的經驗比照中得出的結論。

唐太宗有句名言：以銅爲鏡，可以正衣冠；以古爲鏡，可以知興替。常言道，歷史是一面鏡子。就是說以過去的事件爲參照物，可以使今天的事情做得更好一點，人更聰明一點，少走彎路，少犯錯誤。在祖先的英靈面前，我們會油然而生一種情懷：華夏後裔，炎黃子孫，我們難道不應該比我們的先人做得更出色一些嗎？

然而，比照卻因人而異。體育比賽、文藝比賽、技能比賽等各樣形式的比，與現代社會須臾不可分離。比賽酗酒、比賽罵人乃至比賽燒錢，則顯出某些人的荒唐和可悲。可見，比字裡面大有學問。

左鄰右舍，工作同仁，低頭不見抬頭見，是最直接的比較對象。他提了副處，而我才是正科；他家買了空調器，我家沒有；他比我少讀兩年書，卻比我有錢得多。這樣一比，心裡就失去平衡，感到世道不公，生出許多悶氣。

同在一個班級念書，他考了滿分，而我卻只得了八十分；同是開辦公司，這家公司穫利頗豐，那家公司卻連連虧損；同是一種政策，有的地方經濟發達，有的地方貧窮落後。這是爲什麼？如此一比，就比出一些幹勁。常言道，榜樣的力量是無窮的，即爲「比」能激起人的上進心。

比照的要訣在於：社會在對比觀照中得以互相認識，個人在比較思考中確立正確的位置。在比照中求眞才是比的目的，盲目地攀比和仿效則是比較的誤區。

自己做了壞事，犯了紀律，追究起來，則說：別人做得，我怎麼做不得？這種心態，貌似尋求公平，實則自我開脫，是理屈心虛的表現。

有人搞文學成了名人，有人從商賺了大錢。於是便招來許多犯紅眼病的人，跟在後面躍躍欲試，以爲一走紅就是名人了，下海淘金就可以挖到金礦。這是一種極端浮躁、失衡的心態。因爲，這種人好像在作比較，很會趕浪潮，但卻把該比照的地方都忽略了。你有搞文學的稟賦、氣質和才華嗎？你懂得商務活動的一般常識嗎？你有在商海中沉浮的思想準備嗎？你具備那些成功者的意志力和聰明氣嗎？那麼，當經過這一番冷靜的比較和思考後，該做什麼就去做什麼，切莫志不專一，這山望著那山高。

有爲的人，從比照中認知自然和社會，獲得眞知，這種人是眞正的聰明人。

無聊的人，在比照中空擲荒蕪的歲月，以排遣靈魂的空虛。這種人是十足的傻瓜。

從懷疑中求真

人人都想獲得智慧，但智慧從哪裡來則不是人人都明白的。智慧來源於不迷信、不盲從，遇事不妨多問幾個為什麼。

懷疑是求取智慧獲得眞知的一種方式。

懷疑不是疑心重重，優柔寡斷。懷疑作爲一種智慧是指人的思辨能力。有思辨就會有懷疑，有懷疑就會產生出智慧，有智慧思辨能力就會更上一層台階。

哲人墨子的一生就是從懷疑中求眞的一生。他早年學的是儒家的那一套，但他沒有像孟夫子那樣對孔丘老兒頂禮膜拜，而是對這位老先生的許多學說（如厚葬久喪、重君輕民等）產生了懷疑和反感，因而智慧倍增，獨創出彪炳千秋的墨家之學。墨子比孟子的高明之處，就在於他更富有懷疑精神。

從懷疑中求眞有四種情境：

親身所見時存疑

耳熟能詳、耳聞目睹的周邊事物最容易使人忽略，但這卻是懷疑的開始。太陽落月亮升，太陽西下水往東流；人渴了想喝，餓了想吃；人生下來時不會說話，老了卻白頭髮、鬆牙齒、瞎眼睛。這些現象盡人皆知，常常因習以爲常而不爲人關注，其實大自然和人體生命的奧秘就隱含其間，多一份懷疑就多一份對生命和自然規律的認識和了解。

因事思考時存疑

生活中許多事情都需要思考，多問幾個爲什麼，便能獲得許多眞知。這些眞知不需要坐在屋裡冥思苦想，隨時隨地，都可以有所思、有所感、有所惑、有所得。舉起來輕鬆，放下去沉重，因爲舉起來的是羽毛而放下去的是石頭；往左走行不通，朝右走暢通無阻，因爲左邊是高山而右邊是平川；跑起來不快，坐著不動的反而快，因爲跑步靠的是人力，坐著的卻是車子。

偶遇觸發時存疑

兩人正在一起飲酒，卻突然打起來了，這是爲什麼？要麼是飲酒過量，亂了方寸；要麼是意見不合，由對罵而至毆打；要麼是突然發現對方的秘密，相互爭奪。遇到突發的情況，多考慮一下各種可能的原因，就會變得聰明起來，知道如何去應對緊急情況。

過往之事存疑

過分迷信自己的經驗是人常犯的錯誤，經驗是對過去時間的一種認識，經驗中摻雜著各種假象和僞飾，對經驗的懷疑就是反思。經驗貌似智慧，其實是僞裝的智慧。反思才是眞正的智慧，每個人都能保證自己所作所爲一貫正確嗎？去年冬天未下雪今年冬天也就一定不會有雪嗎？一個人過去品行不端今後就一定會道德敗壞嗎？可見，經驗不能取代新的思考，過去的方法未必能解決新出現的問題。

智慧人生，就在於從懷疑、反思中求得新知、眞知。

規範即自由

把百姓傷心的事看作樂事，是毀滅天下的人。

主持道義的人在上位，天下必定能得到治理。

賢人在家，對雙親孝敬慈愛，在外能尊敬鄉里的長輩。坐居有度，出入有節，男女有別。因此使他們治理官府，則沒有盜竊；使他們守衛城郭，則沒有叛亂。君有難則可殉職，君出逃則會護送。

——《墨子·非命上》語譯

規範即自由

俗話說：沒有規矩不成方圓；

自由即是對規範的認識和掌握，這種認識及掌握愈多，自由也就愈多。

人們做事必有所規範和限制，畫圓要用圓規，畫線要用繩尺；砌牆要用磚石，挖土要用鋤頭；行走要有道路，游泳要有江河。

圓規繩尺運用得熟練，畫圓打線就令人滿意；磚石鋤頭準備充足，砌牆挖土才不會耽擱；道路江河具備，行走游泳才能隨心所欲。

道路是對行走的規範，沒有道路行走者將摔下懸崖；江河是對游泳的規範，沒有江河，游泳只是異想天開。

行走的自由在道路上實現，游泳的自由在江河中獲得。

可見，沒有規範便沒有自由，認識了規範便認識了自由。

一個很會走路的人，想讓人知道自己有多了不起，邊走邊變幻著花樣，左右搖擺，結果一下跌進萬丈深淵，一個很善游泳的人，忘記了游泳是在水中進行的，以跳水的姿勢向平地一頭栽去，結果一命嗚呼。

忘記了規範的存在，自由就將受到懲罰，所以說，自由即是對規範的認識和掌握，這種認識和掌握愈多，自由也就愈多。反之亦然。害怕規範、拒絕規範，是人類常做的蠢事。

社會是對人的規範。社會製造出制度、法律、道德、紀律等一系列條條框框，限制著人的活動範圍。在社會生活中，自由就是知道該幹什麼不該什麼。

大自然是對人的規範。生老病死，日月更替，人都無法抗拒，但順應自然，探究自然，人就能加深對自然的認識，從大自然中獲取無窮無盡的樂趣，獲取人生存發展所必須的一切物質財富。

標準

標準不同、情形各異；

沒有明確的標準，就不能對事物作正確的判斷。

學校放學了。考試得了六十分以上的背起書包回家，六十分以上的留下來補習。

小胖考八十分，回到家後，爸爸給了他一記耳光，說：「怎麼只考了這麼點分數？」

阿銀也考了八十分，回到家後，爸爸卻樂得合不攏嘴，說：「好樣的，有進步。」

標準不同，情形大不一樣。

魯國國君曾問墨子說：

「我有兩個兒子。一個好學，一個喜歡拿錢財分贈他人，誰可以立爲太子呢？」

墨子答道：

「難說！也許他們是爲了得到獎賞和好名聲才這樣做的。釣魚的人畢恭畢敬，不是爲了恩賜魚；拿蟲做誘餌來餵老鼠，不是愛老鼠。我想你該把他們兩人的動機和效果結合起來觀察。」

沒有明確的標準，就不能對事物作正確的判斷。

標準定在做某件事之前，這說明用了心思，考試前立志要得滿分，差一分也算失敗，這是一個高標準，爲此則必須認眞努力，精益求精。

標準定在做某件事之後，則比較敷衍。考了一百分算走運，得了七、八十分也過得去。不求成績顯赫只求問心無愧。

高標準的人功名慾望強，能做大事，贏得起卻未必輸得起。

低標準的人散淡隨意，雖未必能做大事，但贏得起卻也輸得起。

標準太高，讓人可望不可及，平添出許多煩惱；標準太低，等於爲自己的墮落尋求解脫；沒有標準，無異於放棄自己做人的正當權利。

爲公衆共同認可的標準就是社會的行爲規範，沒有這個標準，好比在陶輪之上，放立測量時間的儀器，就不可能弄明白是非善惡的區別了。

墨子認爲，檢驗一個人思想言論的對與錯，應有三項標準：

- 溯上從古代聖王的事跡中考察本始，也即立論要研究歷史，以歷史經驗和行之有效的知識作爲參照，古爲今用。
- 向下了解、調查老百姓耳聞目睹的事實，即注重實際情況，依照百姓民衆的經驗。
- 將思想言論轉變爲法律制度，看是否符合國家、人民的利益。對國家人民有利，即爲眞理；對國家人民有害，即爲謬誤。

知此三者，即知立身處世的大標準。

結果

關注結果、追問結果，是人性的一個可愛的錯誤。

或許結果有可能使人失望，但過程卻應是使人輝煌。

人的終結是什麼？

答案令人不寒而慄。

死！

毀滅！

也有另一種回答：

升天！

轉世！

這種答案太虛妄，讓人覺知到的是害怕結果而編造的精神安慰。

一群人舉著火把，提著砍柴刀向山上趕去，說是山上發現了一頭大野豬，忙乎了半夜，連野豬味都沒有嗅到，結果是有人開了個玩笑，壓根兒就沒有野豬。

據傳三天後食品要漲價，市民們爭相搶購食物，洗衣粉可以洗到孫子一輩，味精需用米罐來裝，然而三天後一切照舊，食品並沒有漲價，只是有人聽錯了話。

有一個地方要發生地震了，這消息爲權威部門透露。當地人惶惶不安，剛下的小豬崽、快要臨產的母牛都被殺了個精光。結果除了開水瓶搖擺了幾下，雞狗瞎叫了一陣外，什麼都沒發生，太陽依舊照耀，河水仍然東流。

人們總是生活在結果的陰影之中，可並沒有人眞正經歷過結果。

有誰能說，結果是個什麼滋味？

考學校考取了，高高興興。

打官司打贏了，心情舒暢。

做生意發了，得意洋洋。

然而，這些都是結果嗎？不，它只是生命的一個階段，一段經歷。當這一個階段還沒有結束時，下一個階段已經開始了。

鐘聲響了，辭舊與迎新同時完成，這裡本不可分。

有人會說體育比賽總要分出一個輸贏，決出一個冠亞軍，這總該有結果吧？比賽只是人在無法把握結果時的投機取巧。假如乒乓球比賽不是二十一個球一局，假如跑步沒有短跑、中跑、長跑之分，假如足球比賽不是九十分鐘一場。那麼，比賽會有結果嗎？假如無限度地比下去，選手和觀眾都無法獲得一個滿意的結果。所以說，比賽的輸贏只是人所制定出來的遊戲規則，而不是自然的結果。

關注結果，追問結果，是人性的一個可愛的錯誤。

結果使人失望，而過程使人輝煌。

視角的奧秘

木頭和夜晚哪個長？

智謀和粟米哪種多？

官爵、雙親、品行、物價，哪項貴？

由此可見，異類事物是不能相比的。

——《墨子·經說下》語譯

兩個事物名稱必定不同，叫二異；整體與部分不互相牽連附屬，叫不體異；大家不在同一處所，叫不合異；沒有相同因素的一類，叫不類異。

——《墨子·經說上》語譯

爭論

人們在爭論中耗去了太多的時間和精力，即使一時爭得頭彩，最終也將歸於沈寂。

人世間的爭吵、論辯、商榷大都是不必要的。

然而人們卻樂此不疲，爭得不亦樂乎。粗魯野蠻之人一句話不對勁，就可以動拳頭，操「傢伙」；文雅之士則在暗中耍手段，在紙上打筆墨官司。

生活中的爭吵叫「口角」，報刊上的爭吵叫「商榷」，大都不明不白，沒有爭出一個所以然。

《列子》中，以「兩小兒辯日」來嘲笑孔聖人，其實也是誇大了爭論的效用。

孔子去東方講學，看見路旁有兩個小孩在激烈地爭論，便下了馬車，上去看個究竟。小孩子看見孔子來了，都搶著告訴他，一個小孩說：「太陽早晨離人近，中午離人遠。」

「不對！」另一個小孩急著說，「應該是早上離人遠，中午離人近！」前一個小孩嚷道：「你錯了，你沒看見？太陽出來的時候足足有車輪那樣大，到了中午，卻只有菜盤那樣大了，這不是近大遠小的緣故嗎？」

「你才錯了！」另一個小孩說，「早上天氣涼颼颼的，中午卻熱得像在湯鍋裡，這才是近熱遠涼的道理！」

兩小孩請孔子作裁判，孔子抓了半天後腦勺也答不出來。兩小孩拍著手笑道：「誰說你什麼都懂啊！」

孔老先生知道就說知道，不知道就說不知道，並不因是小孩兒而胡說一氣，不失其聖人風采。兩個小孩兒的辯論各執一詞，一個是從視覺來判斷，一個是從觸覺來判斷，假如變換一下角度，都從視覺或都從觸覺來判斷，論辯還會有嗎？

爭論雖自然消失，但問題並未解決。

爭論若成了變換角度的遊戲，這種爭論就毫無意義。

人們在爭論中耗去了太多的時間和精力，即使一時爭得個頭彩，最終也將歸於沉寂。

爭論多半不是為了弄清是非，而是為了賭氣。對方說：「好」，我就說「壞」，然後去找「壞」的理由；對方說「壞」，我就說「好」，然後去找「好」的理由。如此爭論，無補於事情的清白，卻能將事情弄得面目全非。

仰視與俯視

俯視以自傲、仰視以自卑，是人常犯的毛病；人最可貴的應該是平視。

自然現象中，仰視見其下部，俯視見其上部，但有一點是相同的，離得愈遠則物體愈小。從地面上看飛機，飛機小得像一隻鷹；從飛機上看地下，高樓大廈也只有火柴盒般大小，人形跟螞蟻差不多了。

生活現象則不同。

人看人，仰視則見其大，俯視則見其小。仰視時自己站得低，看到旁人的腳尖就像見到一塊巨石；俯視時自己站得高，高大魁梧的漢子在自己腳下不如三歲的孩子。

在權貴富豪面前仰視，在殘廢人和乞丐面前俯視。這種改變，人幾乎學都不用學。

奉旨出朝，地動山搖，逢山開路，遇水架橋。怎麼這麼厲害？朝廷命官，持皇帝手諭，乃在一人之下，萬人之下，百姓只要聽到一聲鑼響，趕緊閃開一條道，有誰敢阻擋？黎民百姓對朝廷是仰視，朝廷對百姓則是俯視。

清朝最後的一位皇帝，曾在當代被改造成一個自食其力的普通勞動者。換了一個角度看他，罩在皇帝頭上的神聖光環就消失得無影無蹤了。皇帝有什麼了不起，跟凡夫俗子，村婦野男不是一樣嗎？

然而，這個俯仰之間的變化花了幾千年時間才換過來。

有句言語：偉人之所以看起來偉大，是因爲我們跪著，站起來吧！

俯視以自傲，仰視以自卑，是人常犯的毛病。人可貴的是平視。

平視最難

生活中平等太少，平視也就頗不容易。

有句駡人的話說：把你當人你不會做人。被駡者固然卑微無能，駡者盛氣凌人，也實在可惡。

做人是自己的權利，不存在別人要你做或不要你做的問題。

把別人當人本屬平常，不值得誇耀；不把別人當人，更是毫無道理。

角度

一切看問題的角度都不是一成不變的，當一個人不因為旁人的非議而隨意改變自己，那麼，他的努力遲早會為社會所承認。

人站在同一位置，早晨的太陽照過來，人影拉得老長老長，到了中午，人影就龜縮到了腳下，下午，又朝另一個方向延伸出去了。

站在清水池邊，俯看池內，則見水中的人、樹、房屋、山等都是倒立著，即人頭在下，兩腳朝天，樹梢在下，樹根朝上。

這是一個簡單的科學常識，卻是一條重要的生活規則：看取事物的角度不同，情形迥異。

現代歷史教科書告訴我們，古代有個農民起義領袖叫柳下跖，這人好生了得，攻城掠地，打劫官府富豪財物，爲民除害。

但在有些史料的記述中，卻稱他爲「盜砳」。強盜，壞人也。

歷史上幾乎是所有的農民起義領袖都被人罵過。因爲在一部分人的眼裡，他們是頂天立地的英雄好漢，在另一部分人眼裡，他們則是十惡不赦的惡棍、大壞蛋。

世界上沒有一件事是衆口一詞的，沒有一個人的評價是毫無異議的。這才叫生活。

假如對一件事，對一個人沒有任何別的議論，該舉手時統統舉手，該說好時齊聲說好，那麼，舉手、說好的人中，絕對有一部分人在說謊。這是辨別眞假的一種好方法。

明白了這種道理，許多事就可以自然而然地釋懷，心中的疙瘩也就可以自然解開了。

一個女子本來像貌平平，但在她的戀人眼裡，卻美若天仙，這叫情人眼裡出西施。情人之間有一種特殊的角度，能看出別人看不出的美來。

能被自己心愛的人所欣賞，就應該很滿足了，爲什麼非要令天下的人都來傾慕你呢？

當有什麼事想不通時，換一個角度，便想得通了。人對人的議論，是從他自己的角度去看待；人對人的勸慰，也是變換角度來做文章。

別人說你孤傲，不愛合群，你卻擁有難得的安寧、淸靜，享受著旁人享受不到的獨處的歡樂。

別人說你天眞單純，爲人太老實，你卻因懶得爲一些小事計較而活得格外充實而滋潤。

別人說你假積極、有野心，你卻因爲勤奮工作、刻苦鑽研，而獲得豐碩成果。

別人說你沒出息，是無用之輩，爲人瞧不起，你卻暗暗發憤，結果一鳴驚人。

一切看問題的角度都不是一成不變的，當一個人不因爲旁人的非議而隨意改變自己，那麼，他的努力遲早會爲社會所承認。

立身處世的支柱

人心與社會之間有一個支點：

支點一端指向人的心靈深處、一端指向社會內部；當兩端相等時，心態便趨於平衡。說話辦事就會腳踏實地、堂堂正正、眼明心亮。

生活中少不了一樣東西——秤。

要想不打破腦袋，要想雙方都心滿意足，要想討一個公道平衡，就非得用它不可。

秤有桿秤、地秤、案秤、彈簧秤、電子秤……等種類，天平也是秤。

以桿秤爲例，手提秤繩扣，秤砣與物品均等而產生平衡，就知道了物品的重量。掛鉤上的物品增加了，則掛鉤下垂；秤砣換了大的型號，則秤砣下垂。秤的繩扣，就是它的支點。

支點是物體運動變化的軸心。哲人說，給我一個支點，我將推動整個地球。

問題是，物體運動的支點並不像秤那樣一目了然，找不到支點，人在外部世界就顯得無能爲力。秤的繩扣都找不到，秤如何稱法？

人心與社會之間也有一個支點。支點一端指向人的心靈深處，一端指向社會內部。當兩端相等時，心態便趨於平衡。說話辦事就會腳踏實地，堂堂正正，心明眼亮。

可見，立身處世非要有這個支點不可。

有的人總覺得社會對自己不公平，一副懷才不遇，鬱鬱寡歡的樣子，整天唉聲嘆氣，怨天尤人。這就叫沒有擺正個人與社會的位置。

有的人總是這山看著那山高，別人經商發了財，自己也恨不得一夜暴富；別人閉門苦讀成了大學問家，馬上又羨慕得不得了；別人不求功名富貴安貧樂道，又對他的清閒自在嫉妒起來。這種人到頭來兩手空空，不知道自己究竟該做啥。

社會發展了，自己卻沒有多大的進步，那麼，責任究竟是在社會還是在自身？

個人受到某些委屈、冤枉，感到懷才不遇。那麼，自己想了多少辦法來改變這種處境？

有些人財源滾滾，成了「大款」，那麼，自己是否具備那些人的才幹、機遇和堅韌不拔的意志力？自己究竟適合在哪個方面發展？如何為之奮鬥不息？

古人說：與其臨淵羨魚，不如退而結網。

筆者說：與其埋怨社會不公，不如沉下心從現在做起。

支點即為人立身處世的支柱。

支點即為人的主心骨。

邏輯的悖謬

故、理、類三樣東西完全具備了，然後判斷足以產生。判斷是由「故」（根據、理由）產生，由「理」（思路、條理）呈現，由「類」（所涉及的事物的界限和範圍）推演的。形成判斷如果不明白產生的理由，就是荒謬的。人沒有道路就無處可走，雖有強壯的肢體，如果不明白所走的路，那他很快地將受困。

* * * * *

有名不一定有實，有實不一定有名。

——《墨子・大取》語譯

知識

墨子認為：
能聞知、說知、親知、知名、知實、知合、知為便可成為一個有知識的人。

什麼是知識？

墨子認爲，知識由七個方面組成，即：

聞知 由傳授得來的知識，如學生上學獲得的書本知識。

說知 不受時空阻礙而推論出來的知識。如八月十五月兒圓，因以前每個八月十五是這樣，推知今後也是如此。

親知 由親身經驗和觀察得來的知識。如從實踐中總結出來的戰爭經驗。

以上三者爲知識的來源。

知名 用來表示事物的名稱。

知實 用來表達的某一事物的實質。

知合　名和實的相互符合。

知爲　把握了事物並立志去實行。

以上四者爲知識的體系及其實踐意義。

以「知爲」作結，說明知識離不開實踐，離不開人們的生產勞動等社會活動，這是極其寶貴的思想。

知此七者，便可以成爲一個有知識的人。

卜卦先生的荒唐

人心是不可違的，若假借天意而辜負人心，是行不通的。

墨子往北去齊國，遇到一個卜卦先生。卜卦先生說：

「天帝今天在北方殺死黑龍，你的臉色這麼黑，不能去北方。」

墨子不聽，繼續北上，到了淄水，過不了河而返回來。卜卦先生說：

「我告訴過你，北方不能去。怎麼樣？」

墨子反駁道：

「淄水南面的人不能渡河北上，淄水北面的人不能渡河南下，他們的臉色有黑的，有白的，爲什麼都不能順利渡河呢？」

卜卦先生無言。

墨子又說：

「天帝甲乙日在東方殺青龍，丙丁日在南方殺赤龍，庚辛日在西方殺白龍，壬癸日在北方殺黑龍，如果聽你的話，那就是禁止天下人往來了。」

人心是不可違的，假借天意而辜負人心，那怎麼能行得通呢！

所答非所問

語言上的答非所問源於這個人邏輯上的混亂，頭腦不清楚；思想上的答非所問則說明這個人不明事理，缺乏悟性。

有人問：「這根樹幹有多長？」

回答說：「這棵樹長得很長，比那一棵要長得多。」

有人問：「你知道騾子是什麼東西嗎？」

回答說：「知道，騾子比羊要大得多，跑起來沒有馬快。」

有人問：「天還會下雨嗎？」

回答說：「天下雨後會出現彩虹，彩虹是天神在河裡喝水，此時別出門，別過河，小心虹舔你的額頭。」

這叫做所答非所問。

答問者的愚鈍是顯而易見的。然而，類似答問者式的愚鈍在生活中並不少見。

間宮是位著名的教師，成名前曾向一位禪師請求個別指導，後者敎他參悟隻手之聲。他集中精神專注於隻手之聲，但他的老師對他說：「你用功不夠，你太執著於飲食財貨和隻手之聲了，不如死了的好，那倒可以解決問題。」

間宮再度叩見老師，後者再度叫他舉示隻手之聲，他立即倒在地上，猶如死了一般。

「你死是死了。」他的老師說：「但畢竟如何是隻手之聲？」

「我還沒參破。」間宮抬頭答道。

「死人不說話。」他的老師說道：「出去！」

間宮未能弄明白老師的用意，表面上在回答，實質上沒有摸著邊兒。

有位主事者很賞識一位屬下，想讓這位屬下接自己的班，讓他好好地做幾件事，樹立自己的威信。屬下便在主事者不在場時，以主事者的口吻教訓他的同事，生怕旁人不知道他將是主事者的接班人。結果同事們很討厭他，主事者見狀，只好打消了培養他的念頭。

這位屬下不理解主事者的良苦用心，他以行動作出的回答，自然不是主事者想看到的。

語言上的答非所問源於這個人邏輯上的混亂，頭腦不清楚；而思想上的答非所問則說明這個人不明事理，缺乏悟性。

這有種類型的答非所問，不是不知道怎樣回答，而是故意不正面回答，留下破綻，引問者上鉤。

國王對聰明人說：

「聽說你很聰明，我未能親眼見到。我現在坐在寶座上，你若能讓我從這寶座上走下來，我才能相信你的聰明。」

聰明人想了想，說：

「我確實想不出辦法能讓陛下從寶座上走下來，但若陛下站在下面，我卻可以讓您走到寶座上去。」

「眞的？」國說著就走了下來。他想看看聰明人究竟用什麼辦法能讓他走上去。

「哈哈，陛下不是已經走下來了嗎？」聰明人說。

在這裡，回答者的智慧已經超出了提問者，他以巧妙的回答由被動變爲主動，將提問者反推到被問的位子上了。

一陰一陽之謂道

戰爭與和平

和平安定時期要向百姓說明戰爭存在的危險，戰亂期間要向百姓講明從殺敵中求取和平與安定。

* * * * *

激勵我方精兵，謹慎小心不使產業顧慮，守城的兵士一個個敬重打退敵人的人，鄙視離開戰鬥崗位，臨陣脫逃的膽小鬼。培養戰士高昂的勇氣，民心百倍，多捉拿敵人就多給獎賞，兵士就不會懈怠。

——《墨子·雜守》語譯

墨子是一個大愛者，他兼愛人生的主張至今還令我們感動。

墨子又是一個高明的戰略防禦家和軍事謀略家，他對戰爭過程的了解，對戰術的熟練運用，都是世所罕見的。

奇怪嗎？

一點也不奇怪。

墨子見社會到處是以大欺小，以強凌弱，到處是侵略他人的戰火，老百姓流離失所、苦不堪言，於是，他舉起了反侵略戰爭和兼愛非攻兩面大旗。

戰爭與和平

戰爭，是實現和平的手段；和平，是戰爭的目的。

和平意味著友愛，戰爭意味著仇恨。

可見，友愛與仇恨也是你中有我，我中有你。

和平時，人們淡忘了友愛的珍貴；戰爭時，仇恨不再令人激動。

溫暖和煦的陽光下，血親骨肉之間會相互殘殺，平時裡的算計、傾軋、勾心鬥角，更是如家常便飯。在兩軍對壘的陣地前沿，雙方商定爲一場足球賽而停戰一天，他們似乎忘記了明天等待他們的將是什麼。

這是人類的奇妙處。

和平，是無硝煙的戰爭；戰爭，是色彩豐富的和平。

和平，是戰爭的友好使者；戰爭，是和平的肇事者。

和平時的戰爭令人驚心動魄；戰爭時的和平讓人留連忘返。

和平時，人與人之間的爭鬥總是面帶笑容，談笑風生之間讓對方命喪黃泉，這叫嘴裡喊「哥哥」，手裡摸「傢伙」；戰爭則不同，它的一切爭鬥都是那麼赤裸裸，那麼光明正大，全在血與火的搏殺中見勝負。

和平時的友愛到處都是，讓人動情，但友愛眞不眞，則要到你死我活的關鍵時刻經受考驗。

經受戰爭洗禮的友愛是至眞至純的，經受戰爭考驗的人最懂得友愛的價值。

墨子深懂得戰爭，故他深懂得友愛。

悟透了戰爭與和平的關係，墨子得以發現兼愛人生的道理。

防守要訣

懂得防守戰略，方能抵禦別國的侵略，從而最終實現兼愛天下的理想。

禽滑厘向墨子詢問道：「根據聖人的說法，吉祥的鳳凰鳥沒有出現，諸侯背叛國王，天下戰爭四起，大國攻打小國，強國控制弱國。我想為小國防守，應該怎麼辦呢？」

墨子說：「防禦哪種進攻？」

禽滑厘說：「當今世上常用的進攻方法是：積土成山，居高臨下、用鈎梯爬城、用衝梯攻城、用雲梯攻城、塡塞城壕、決水淹城，挖隧道、突然襲擊、在城牆上打洞、像螞蟻一樣密集爬城、使用蒙上牛皮的轒轀車、使用高聳的軒車。這十二種攻城方法，請問應如何防守？」

墨子說：

「我方應把城牆、濠溝修好，把守城器械備足，糧食、柴草充足，上下相親，又能取得四鄰諸侯的援助。這是長久備戰防守的根本條件。而且，負擔防守任務的人很重要。他雖然善於防守，但是君主不信任他，那麼，還是不能夠防守。君主所任命擔負防守任務的人，一定是能夠防守的人；如果他沒有能力而君主任用他，也是不能防守的。」由此看來，擔負防守人，既要善於防守，又要君主尊重和信任他，這樣才能防守得住。

墨子在這裡總結了小國防守的基本策略。一是要天時、地利、人和。墨子特別強調上下相親，四鄰相援。此所謂人心齊，泰山移；軍民團結如一人，試看天下誰能敵。二是要有能幹稱職的主帥，以號令三軍。這就像一盤象棋，車馬炮相士卒齊備，在將帥的統領下，相互協調配合，其防線就如銅牆鐵壁，堅不可摧。

懂得防守戰略，方能抵禦別國的侵略，從而最終實現兼愛天下的理想。

平靜

看問題需要相對而言。

說一個東西顏色白，是相對黑而言的，說它現在白，是相對過去或將來而言。現在白，未必過去也一定白，它也許是從黑轉化而來的。

把問題看絕對了，看死了，便難以認識事物的眞相。

某一社會環境，看起來很平靜，無風無浪，但這往往是一種表面現象、暫時現象，或者一種假象。相對動盪而言，它是平靜，然而新的動盪因素恰恰正是在此刻孕育出來的。

平靜中隱藏著殺機，陰謀詭計恰以和平的面目出現。

過分的平靜，往往預示著劇烈的動盪即將發生。

平靜，是動盪的午休時間。

攻伐與誅討

子所不欲，勿施於人。

——孔子語

現今天下能共同認為是「義」的，是聖王的法則。天下的諸侯，大多以強力攻伐兼併，則只是有譽義的虛名，與實際的「義」背道而馳了。譬如瞎子與正常人，一同能叫出黑白名稱，卻不能分辨那個物體，那麼難道能叫有分別嗎？所以古時候的聰明人為天下圖謀，必須考慮那事是否合乎義，而後才去做它。行義而動，則號令不疑而速通於天下。

* * * * *

順從天意民願，反對攻伐，是智者之道。

——《墨子·非攻子》語譯

可遇不可求

在歌舞昇平、花團錦簇之中追求大義，往往追求不到；在艱難困苦、刻苦自勵的過程中，大義卻不期而至。

古時候，周文王受封於岐周。斷長接短，有百里之地，與他的百姓相互愛戴，共同謀利益，得利就分享，因此近處的人安心受他管理，遠處的人嚮往他的德行。聽說過文王的人，都趕來投奔他。疲弱無力、四肢不便的人，聚在一起盼望他。說：「怎樣才能使文王的領地延伸到我們這裡，我們也得到好處，豈不是也和文王的國民一樣了嗎？」因此，天帝鬼神使文王富足，諸侯親附他，百姓親近他，賢士歸向他。在他活著的時候，就統一了天下，成爲諸侯的君王。

得大義者，沒有天下可得到天下；失大義者，擁有天下可失去天下。

得大義需終生努力，失大義卻只須一瞬間。

在歌舞昇平、花團錦簇之中追求大義，往往追求不到；在艱難困苦、刻苦自勵的過程中，大義卻不期而至。

大義從不欺人。君王無道，天理即在綠林強盜之中；成人不慈，孩童也可仗劍走天下；社會紛亂污濁，荒山野嶺的歸隱之人也許最能明察秋毫。

常言說：運籌帷幄，決勝千里。胸中自有雄兵百萬。意志堅如鐵，度量寬似海。

不營營以苟且，不斤斤以計較，不戚戚以害人，以坦蕩正直之心，面對紛繁世界的一切，大義便自在人心。

無論是人是妖，是陰是陽，是善是惡，是悲是喜，終將九九歸一，消失得無影無蹤。

唯有大義永存。

小義易得，大義難求。爲何？

大義關涉國家民族利益，非開闊的胸襟、豐富的知識、嚴正的立場，不能明白社會發展的大勢，不能作出是非善惡的評判。井底之蛙，怎知曉世界之大？

懂得大義，還需要有仁慈善良之心，對親戚朋友之外芸芸衆生有摯愛關懷的情懷。一個只熱愛自己的人，一個極端的自私自利者，怎能明白天下興亡的大道理呢？

一葉障目　不見泰山

面對紛繁世界的一切，須以坦蕩正直之心待之，大義便自在人心。

殺掉一個人，叫做不義，必定有一種死罪了。假如按照這種解說類推，殺死十個人，有十倍不義，必然會有十層死罪了；殺死一百個人，有百倍不義，必然會有百層死罪了。對此，天下的君子都知曉並且非難他，稱他爲不義。但是現今有人大規模攻打別國做出不義之事，卻不加以制止和反對，反而跟著讚譽他，稱之爲義。實在是他們不懂得那是不義啊，所以還要把稱讚攻國的話記錄下來，留給後世。

假如他們懂得侵略是不仁義的，又有何臉面把不義的事記下來傳給後代呢？有一個人，看到少許黑色就說是黑的，看到很多黑色卻說是白的，那麼可以說此人不懂得白和黑的分辨。嚐到少許苦味就說是苦的，嚐到很多苦味卻說是甜的，那麼可以認爲此人不懂得甜和苦的分辨。

現在小範圍內做不到的事，就都知曉並非難他；大範圍內做進攻別國一類不仁義的事，卻不知其不對，反而跟著瞎起鬨，稱之爲義。這叫做不懂得義與不義的區別。

此所謂一葉障目，不見泰山。

攻伐有罪論

「得道多助，失道寡助。」

攻伐之罪，罪在無道、無義。

有一些君王自恃強大，以堅固的鎧甲和銳利的兵器，攻擊無罪的弱國，割刈其莊稼，砍伐其樹木，毀壞其城郭，塡塞其溝池，奪殺其牲畜，燒毀其祖廟，刺殺其群衆，覆亡其老弱，遷走其寶器……等等。以強凌弱，使生靈涂炭，受害的不單是弱小的一方。攻伐的士兵迫於君王的意志，不敢違抗，他們其實也是受害者。

然而，好戰分子辯解說，士兵不力是因爲未能籠絡住軍心，只要民衆士卒心服口服，順從君主旨意，就能攻戰天下，誰敢不投降歸附啊！

這眞是戰爭販子的謬論。

古時吳王闔閭教戰七年，士卒著甲執著兵器，奔走三百里才停下歇息。他率軍進駐泣林，從冥隘的小路出兵，在柏舉大戰一場，攻入楚國都城郢，迫使宋國和魯國來朝吳王。及至到了夫差即位，向北攻打齊國，駐屯在汶上，大戰於艾陵，把齊國人打得一敗塗地，退保泰山；向東攻打越國，渡過三江五湖，迫使越人退守會稽。東方各個小部落沒有誰不投降歸附。得勝後，退步回朝不犒賞陣亡將士遺孤，不施捨給衆百姓食物，自恃武力，誇大自己的功勞，稱揚自己的才志，對訓練士卒也懈怠了。並建築姑蘇台，耗資甚巨，七年還未建成。到了這個地步，吳國人便有了離異疲敝之心。

越王勾踐看到吳國上下不相融洽，就發憤圖強，收集他的士卒起兵復仇，從吳都北郭攻入，奪取吳王乘坐的大船，圍困吳王王宮，吳國於是土崩瓦解。

從前晉國有六位將軍，其中沒有誰比智伯更強大的了。他以自己土地的廣大，人口的衆多，想要跟諸侯抗衡，以取得「英名」和攻戰的「功勛」。他指使他的文武心腹，比列其戰車船隻士卒，用以攻打中行氏並占有中行氏城郭。他認爲自己謀略、實力足夠，又去攻打范氏並大敗之，合併三家於一體。智伯貪心不足，又在晉陽圍攻趙襄子。到了這個地方，激起了公憤。韓、魏二氏商議道：「古時說，唇亡而齒寒。趙氏若在早晨敗亡，我們將在黃昏時走他的老路；趙氏若在黃昏時敗亡，我們則將在翌晨跟上他的命運。古詩也寫道：魚在水中不快快跑掉，到了陸地怎麼能逃得及呢？」

於是韓、魏、趙三家合謀，同心努力，韓魏兩家軍隊從外面，趙氏軍隊從城內，合擊智伯，智伯大敗。

此所謂得道多助，失道寡助。攻伐之罪，罪在無道、無義。

誅討有功論

攻伐即邪惡，誅討即正義。
誅討，是抵制攻伐的最直接方式。

有攻伐便有誅討。

誅討，是抵制攻伐的最直接的方式。攻伐即邪惡，誅討即正義。儘管在形式上相仿，都是訴諸武力，但性質上截然不同。

攻伐是顛倒黑白，強詞奪理；誅討是伸張正義，還歷史本來面目。

誅討雖也要付出代價，但換來的是和平，鏟除的是戰爭的根源。

墨子舉例說明誅討有功。

古時候三苗大亂，民不聊生。古帝高陽於是給在玄宮的禹下達命令，大禹親自握著天帝的瑞玉令符，去征討有苗。雷電震撼，有一尊神人面鳥身，用手奉著圭玉侍立，挾箭急射有苗頭領。有苗軍大亂，一敗塗地。大禹戰勝三苗後，便劃分山川，分別物類，節制四方。

於是黎民百姓安居樂業。

商湯驅逐夏桀，亦同此理。桀王無道，導致寒暑雜至紊亂，五穀枯焦死去。湯於是奉上天之命，率領他的部隊誅討夏桀，夏桀的民衆也起而響應，歸附商湯。

到了商紂王，天帝不能享受其德，祭祀鬼神不按時，於是又天下大亂。妖婦夜間出現，鬼怪夜間悲吟，有女子化爲男子，天下了一場肉雨，荆棘生長在國都大道上，紂王更加驕橫放縱了。有隻赤鳥口中銜圭，降落在周的岐山社神廟上，說道：「上天命令周文王，討伐殷邦。」賢臣泰顛來投奔協助，黃河中浮出圖籙，地下冒出一乘黃馬。

周武王即位後，夢見三位神人對他說：「我既已使荒淫的殷紂王沉湎於酒色之中，你前去攻打他，我必定助你成功。」武王於是決定替天行道，消滅紂王這個瘋子，反商爲周。政教通達四方，天下太平。

依墨子之見——誅討之功，功在上天、鬼神和民衆。上符合上天的旨意，中符合鬼神的利益，下符合人民的心願。

倘若當代人不拘泥於上天、鬼神之類代指的說法，那麼，就不難明白，爲民衆的長遠利益而戰，就是誅討者最大的功勞。

人生的大道理

我的鈎拒，是用友愛來鈎對方，用恭敬來拒對方。不用愛來鈎對方就不會親近，不用恭敬來拒對方就會親近而不莊重。

——《墨子·魯問》語譯

天下混亂的原因是什麼呢？就是因為士大夫君子們只明白小道理，不懂得大道理。

天下的諸侯彼此互相侵凌、攻伐、兼併，這跟殺掉一個無罪的人比起來，罪過已是數千萬倍了；跟翻越人家圍牆抓拿擊打人家子女的比起來、跟鑿穿人家府庫偷盜人家的金玉布帛的比起來，罪過已是數千萬倍了；跟翻越人家的牛欄馬圈偷盜人家的牛馬的，跟擅入人家的果場菜園盜取人家的桃、李、瓜、薑的，罪過已是數千萬倍了。可他卻說：「這是義呀！」

——《墨子·天志下》語譯

一個人持一種道理，兩個人持兩種道理，十個人持十種道理，人越多，他們所持的道理就越多。所以人人都認為自己的道理是對的，而認為別人的道理是錯的，因而就相互為難對方，引起天下混亂。

——《墨子·尚同上》語譯

小事明白　大事糊塗

懂得大道理的人，就是懂得人生的人。

私慾太甚、膽小怕事、貪圖享樂是難以懂得大道理的。

假如有人偷了一隻雞，一頭豬，人們就會罵他是賊；假如他竊得一個都城，一個國家，卻不把他當賊看，反而順從他的意志。

一個人在家裡能主持正義，對父母的偏見敢於提出批評；可他在官場卻一味逢迎上司，明知上司決策失誤其後果不堪設想還連連說：「英明、英明。」

假如有人餓了渴了，知道給他飯吃，給他水喝；但這人犯了罪，殺了人，卻不知道把他送到監獄，反而將他躲藏起來。

這就叫只懂得小道理，不懂得大道理。或者叫小事明白，大事糊塗。

懂得大道理的人就是懂得人生的人。他們知道什麼是生命中重要的東西，什麼是不重要的東西，他們懂得如何透過事情的現象認識到事物的本質，如何使自己的人生過得更有價值、更有意義。

私慾太甚的人難以懂得大道理。一事當前，首先替自己打算，見錢眼開，見利忘義，這種人心裡只有自己，而沒有江山社稷的大事，不可能懂得國家興亡、社會安危、人民疾苦這類大道理。

有一個故事。說有五六個人划著一隻小木船橫渡湘江，船到中流，被激浪打翻，大家都落進水裡，拼命向岸邊游去。其中有一位漢子使出全身氣力，也游不了幾尺遠。同伴奇怪地問他：「平日你最會游泳，今天怎麼落到後面去了？」他喘著粗氣說：「我腰上纏著一千枚大錢，重得很，所以游不動啦。」同伴說：「怎麼還不丟掉呢？」他不回答，只是搖著頭。不一會兒，他更加游不動了。已經上岸的同伴對他大聲呼叫道：「你好愚蠢！命都顧不了了，還要錢幹什麼？」他翻著白眼，沉下水底淹死了。這位先生連錢重要還是命重要的小道理都不懂，怎麼可能懂得大道理呢。

膽小怕事的人難以懂得大道理。高官權貴們手中擁有極大的權力，常用高壓政策來逼迫人民順從他們的意志。官們有句古訓：防民之口，甚於防川。正確的道理一經傳播，便被天下人知曉，便會危及官們的地位，故須加緊防範，將眞理扼殺在搖籃中，並用權力意志取代人民的自由意志。這樣一來，膽小怕事的人爲了保全自己，便爲屈服淫威和高壓，顚倒黑白，混淆是非。要麼糊里糊塗，根本不懂大道理，即使懂得也不敢堅持，眼睜睜看著罪惡橫行。

貪圖享樂的人也不能懂得大道理。享樂型的人也許品德並不壞，但他們沉湎於花天酒地的享受之中，追求情慾刺激，無精力也無心思去關心天下大事，去培育正直剛毅的德性，每遇大事來臨，就難免驚慌失措。

大道理使人明智

人生在世總要懂一點大道理才好。

為什麼呢？因為大道理使人明智、善良、深刻、豐富。

大道理不能當飯吃，不能當衣穿，看起來離實際生活太遠，太虛無縹緲，但它對人生的作用卻是別的東西所不能替代的。

大道理使人明智。在大是大非問題上知道什麼是該做的什麼是不該做的，使生活有了合理的尺度和準則。

大道理使人善良。了解人世的苦難，對人就多一份寬容之心、仁愛之心。

大道理使人深刻。對世界的運動和歷史的演變有著獨到的認識和體察，就能舉一反三、由表及裡，不為表面現象所惑。

大道理使人豐富。不僅懂得眼前的人或事，還能懂得過去的和未來的人和事，人生的意義由此獲得根本的改觀。

人的智慧在於能從日常生活中、從小道理中發現大道理，掌握大道理。大道理並不表現為聲威赫赫，富麗堂皇，通常表現為樸素、簡潔、平凡。

一個名叫愚公的山裡老頭曾向齊桓公講過一個故事。愚公說：「我養了頭母牛，生了頭小牛。我辛辛苦苦把小牛餵了半大，牽到市場上賣了，買了匹馬駒回來養。誰知鄉裡有個惡少年闖到我家說，『你家養的是母牛，怎麼會生個馬駒？一定是偷來的。』隨後不由分說，就把馬駒牽走了。鄰居聽說了，都說我太笨，給我起了個名叫愚公。」

「噢，原來這樣，」齊桓公聽罷哈哈大笑：「你這老頭兒果然愚蠢，哪有這樣便便宜宜把馬駒給別人的？」

第二天上朝時，齊桓公把這個笑話講給管仲聽。管仲聽罷，肅然變容，整整衣襟就跪倒在地。齊桓公忙問是什麼緣故，管仲沉痛地說：「那個老頭一點也不愚蠢，而是我們當政者愚蠢啊！假使堯舜在上，法制嚴肅，哪會發生詐取別人馬駒的事情？即使有，那老頭也決不會給他。而現在，老頭知道官吏舞弊，刑法混亂，即使告官也沒有用，因此只好把馬駒給惡少年了。請大王重修法政。」

由此可知，管仲才是眞正懂得大道理的智者。

同與異

同與異的關係是社會人生最基本的關係，大至治國平天下，小至舉手投足，都需有其道理。

世間萬事萬物，同中有異，異中有同。人的眞知灼見，或者說超出常人的智謀，就在於能同中見異，異中求同，從而對事物的本質有更深入的把握。只看到一面看不到另一面，只看到眼前看不到長遠，就是短視、片面、俗面、平庸。

譬如下棋，雙方棋子相等，勢均力敵，但下法各異，千變萬化，沒有定數。有的人只考慮眼前這一子該如何走，想不到這子與其他子乃至整盤棋的關係；有的人則著眼全局，不在乎一兵一卒的得失，這種人往往棋高一招，穩操局面。

譬如打仗，當敵強我弱，戰局發展不利於己方時，戰略家能從錯綜複雜的戰局中，從不利因素中看到有利於我方的因素，從敵方的強大攻勢中發現其薄弱環節，然後出其不意，攻其不備，最後以少勝多，以弱勝強。像著名的諸葛亮隆中對策，就充分體現了同異相交的智慧光芒，諸葛孔明將劉備的優勢劣勢，曹吳兩方相同與不同之處分析得淋漓盡致，使迷茫的劉備立時心明眼亮。

同與異的關係是社會人生最基本的關係，大至治國平天下，小至舉手投足，都需有其道理。

蛇和蚯蚓旋轉滾動，有的後退，有的前進；飛鳥飛逝，甲殼動物蠢動，前者輕柔，後者堅重；寶劍有異於鎧甲，前者致人死地，後者保護自己生命；在家未嫁之女和她的母親，一個是晚輩，一個是長輩；兩種斷絲顏色競勝，有的白，有的黑；分中央，是由於有四旁；人的言論行爲、學問名實，有的正確，有的錯誤；母雞孵蛋，有的成小雞，有的不成小雞；兄和弟，有的和睦在一起，有的互相敵視；身體處在此間而心志飛往別處，前者形存，後者實亡；貨物的價格，有的昂貴，有的便宜……

明白了同與異的道理，心胸就會坦蕩蕩，臨危不亂，處變不驚。與己相同而不以爲人多勢衆，與己不同也不視若仇敵；得到什麼不沾沾自喜，失去什麼也不悲觀絕望。

器與魂

武器是有形的，可以殺傷敵方；精神是無形的，可以使敵人自降。

農具是有形的，可以用來耕田種地；生產經驗是無形的，可以適時安排農活。

藥物是有形的，可以醫治一個人肉體的傷痛；感情是無形的，可以使人心理康復。

有形的是器，無形的是魂。

有形的靠學習，無形的靠領悟，能工巧匠展示出可以學習掌握的技藝，先哲聖人傳達出的則是需要全身心投入的人生境界。

從前楚國人跟越國人在長江裡船戰，楚國人順流而進，逆流而退；見有利就進攻，見不利想要退卻，這就難了。越國人逆流而進，順流而退；見有利就進攻，見不利就能很快退卻。越國人憑藉這種水勢，屢次打敗楚國人。

怎麼辦？正在這時，公輸盤從魯國南遊楚國，開始製造船戰的兵器，他製造了鈎鑲這種兵器用作裝備，敵船後退就用鈎鈎住它，敵船前進就用鑲來推拒它，這種兵器只適用於楚國的戰船，不適用越國的戰船。楚國人憑藉這種兵器的優勢，屢次打敗越國人。

公輸盤很高興，對墨子誇耀道：

「我船戰時有鈎鑲，不知你的義也有鈎鑲嗎？」

墨子回答說：

「我義的鈎鑲，勝過你船戰的鈎鑲。我義的鈎鑲，用愛來鈎，用恭敬來拒。不用愛來鈎就不會親近，不用恭敬來拒就會輕慢，輕慢不親近就會離散。所以，互相愛，互相恭敬，就是互相得利。現在你用鈎來制止別人，別人也用鈎來制止你；你用鑲來推拒別人，別人也用鑲來推拒你，互相鈎，互相推拒，就是互相加害了。」

鈎鑲之器固然可以拒敵，但若無兼愛之心，其結果只能是互相加害。兼愛之心是無形，但卻可使相互仇恨之心化解。
物之鈎鑲是器，「義之鈎鑲」是魂。
有器無魂必將禍及自身。

禍福相依

對事物的認識，有的是前提肯定而結論也肯定，有的是前提肯定而結論否定，有的是前提否定而結論肯定，有的是在一方面周全而另一方面不周全，有的是在一方面是對的而在另一方面是錯的。

——《墨子‧小取》語譯

影子有時小有時大。因為物體有時斜有時正，光源有時遠有時近。

——《墨子‧經下》語譯

化——如青蛙變成了鶉鳥。

法——法則取其相同，要觀察巧妙轉換的概念。

——《墨子‧經說上》語譯

轉化

人的偉大在於人掌握了轉化的方法。

將別人的力量轉化為自己的力量，將別人的財物轉化為自己的財物，將別人的知識轉化為自己的知識，將別人的條件轉化為自己的條件。

諸葛孔明「草船借箭」的故事千古流傳，是這位布衣丞相生命史上的神來之筆。

三天之內造出十萬支箭是萬萬不可能的，東吳大將周瑜純粹是想讓這位軍師難堪。沒想到諸葛亮一會兒就「借」來了十萬支箭，而不用打借條。

全部秘密就在一個「借」字上。

生活中的許多妙法，多與借字相關。

借雞下蛋。本來無雞無蛋，找人借來雞，下蛋後物歸原主；原主未受到損失，自己卻有了蛋；然後雞生蛋，蛋生雞，於是什麼都有了。

借刀殺人。殺人不用自己出面，或從中挑撥讓旁人代己洩憤，或巧設機關嫁禍於人，目的達到了，自己免受傷害。

另有借屍還魂、借船過海、借花獻佛等等，不勝枚舉。

在這裡，借，就是轉化，將別人的力量轉化爲自己的力量，將別人的財物轉化爲自己的財物，將別人的知識轉化爲自己的知識，將別人的條件轉化爲自己的條件。

借別人一塊錢，再還一塊錢，自己什麼都沒剩下，這不叫轉化。借別人一塊錢，還掉一塊錢後，還剩下二塊，三塊錢，這才叫轉化。

轉化就是增值。

人要看到太空中去，想登上月球去看看，借助航天飛機就行了。

人要看到千里、萬里以外的地方是什麼樣子，憑藉高倍望遠鏡就行了。

人要渡過浩瀚的大海到南極去考察，坐遠洋輪去就行了。

個人是渺小的，人的偉大就在於人掌握了轉化的方法。

讀書人只知道死記硬背，不會將書本知識轉化爲自己的新知，給你一個雞蛋還是一個雞蛋，那就叫書呆子，毫無靈氣、機智可言。

天地廣大，世界無窮。努力從人類長河中吸取有用的養分，從自然中領悟生命的靈動，使自己一天天聰明起來，這是人永遠也做不完的一件事。

因福得禍

所謂「金無足赤、人無完人」；

人為免因福得禍，在某些方面最好能裝點迷糊。

公輸盤曾為楚國攻打齊國的陰謀出過不少力，又是製造雲梯，又是設計攻城之術。要不是墨子及時趕到，曉以利害，又以高超的防禦戰術將公輸盤降服，公輸盤必定要成爲沾滿無辜者鮮血的劊子手。

公輸盤何許人也？

他就是大名鼎鼎的木匠師們的老祖宗——魯班。

今日木匠使用的許多家什都還是魯班在二千年前發明的，此人的高明可見一斑。班門弄斧，意為魯班師傅的手藝正是蓋了帽兒了，自作聰明的小子們別在他面前丟醜吧。

然而，聰明絕頂的魯班在政治上卻是一個糊塗蟲：沒有是非界線，缺乏仁義之心。

手藝超群的發明家魯班師傅與為虎作倀的魯班竟是同一個人，這不禁使魯班的後人們有些失望。

其實也不必失望。這方面聰明一點，那方面就糊塗一點。這叫金無足赤，人無完人。

假如魯班手藝很差勁，不會造雲梯，楚王也就不會找到他，政治上糊塗點就糊塗點，反正不理朝政，也不會犯大錯誤，沒人會計較，魯班師傅興許就抹去了那點污點，誰讓魯班手藝好，楚王造雲梯非他莫屬，楚王不找他找誰？

這就叫因福得禍。

破罐子「經」熬

人生的戰鬥是一種韌性的戰鬥。

誰笑到最後，誰就笑得最好。

人難免有個頭疼腦熱的事，這本很正常，但此等事多了，很容易讓人生出一些悲觀的情緒，以爲自己體能欠佳，身體不好，沒有別人活得滋潤。

身體比較強健的人，長期享受多病者羨慕的目光，便驕傲起來，有個小病小災什麼的，也全然不當一回事。

這其實是人生的一個誤區。

某一天大病來臨。前一種人久病成良醫，早有了心理準備，感覺也就是那麼回事，慢慢也就治癒了。就像久經沙場的將士，小股敵人來犯是一打，大敵逼進也是一打，與其小打小鬧，不如大拚一場。

後一種人就不一樣了。重病襲來，如五雷轟頂，彷彿受了天大的委屈似的，一下子沒了精神氣。本有望康復的病，卻弄得命喪黃泉，即使勉強活過來，也是從此一蹶不振。

民間稱之爲「破罐子經（耐）熬」，「病懨懨活過蹺顛顛」。明白了這個道理，便知道悲觀和驕傲都很可笑。

人的命運變遷也是這個理。

有的人從小病病歪歪，生活道路也是坎坎坷坷，但卻能終其天年，怡然自在。

有的人少年得志，生活道路一帆風順，突然有一天災難臨頭，落得個體無完屍的下場。

人生的戰鬥就是一種韌性的戰鬥。誰笑到最後，誰就笑得最好。如同馬拉松比賽，在衝刺前一刻倒地，也只能算一個敗將。所以說，聰明人做一世的英雄，不做一時的英雄。

由此，下面的人生告誡便顯得至關重要：

- 不要感嘆命運不公。命運從來是公正的，在這方面失去了，就會在那方面得到補償。
- 不要羨慕或嫉妒別人。將時間用來做自己該做的事。
- 不要花來路不明的錢。晚上因此睡不著覺，易得神經衰弱。
- 不要接受別人的施捨。人格上矮了別人一等，永遠抬不起頭來。
- 不要做暴發戶，最容易得到的最容易失去。
- 不要怕吃虧上當。吃虧是福。讓騙你的人自鳴得意，懲罰隨後就到。

後記

當我將兩疊厚厚的手稿交給揚帆兄時，我感覺到的似乎主要不是完成任務後的欣慰與輕鬆。心想，這本書的付梓對我來講也許是一個福音，以此爲契機，這一段艱難的日子恐怕就要熬到頭了。這本書稿對我的意義，不僅僅是讓我有幸全面接觸了墨子這位獨具風采的先聖，其中不僅僅是對墨子思想從人生哲學的角度作了通俗的現代解說，而且還是對一段生命旅程的回顧和紀念。

在我研讀《墨子》一書並著手撰寫這本小冊子的期間，生活中的諸多煩惱和苦悶正死死糾纏著我，我第一次如此眞切地體驗到什麼是情緒煩躁、精神緊張和無可奈何。幸虧有墨子伴著我，墨子的人生態度和處世策略直接教導了我，它讓我超越狹隘的生活圈子，超越是是非非的現實糾葛，將注意力集中到人生更寬廣、更有魅力的地方。我感謝墨子。他是這一段日子常常在心裡與我默默對話的精神夥伴。

關於墨子，要說的話都寫在前面了。這裡，我只想補充說一點：對墨子，我們所認識的遠不及我們未能認識的。本書僅限於從怎樣做人、怎樣處世等行爲層次上對墨子作初步的接觸，以讓更多人認識這還未曾引起我們足夠重視的先哲。由於寫作的掛一漏萬，即使這個目的也還未曾達到。墨子求實求眞的科學精神，探索自然之理的執著和痴迷，他在邏輯哲學、道德哲學、工程力學、軍事戰略防禦學等一系列領域的卓越識見，對走向現代化的當代中國來說，是一份多麼珍貴的文化遺產啊！

對於我自己某一段人生際遇，也許注定如過眼雲煙，轉瞬即逝，今天看起來是了不得的嚴重事兒到了明天也許只配當作笑料看。但我眼下這一段生命，也許唯有墨子學說和他的人格魅力將在我的心頭永駐。

我要眞誠地感謝田揚帆先生和秦文仲先生，若沒有他們的邀約和督辦是不會有這本小書的。揚帆先生對中國文化素有研究，這次盛情相邀，分明是對我的抬舉；文仲先生數次打電話詢問進展情況，在我彷徨不安時，給了我信心和動力。

我還要感謝我的妻子東方，她不僅閱讀了部分手稿，提出了有價值的修改意見，而且，當她看到我不能按時交稿時，顯得比我還要焦急。在這一段艱難、繁忙的日子裡，她一直在默默地爲我分擔著憂愁。老實說，這本書的寫作就是在她的溫情滋潤下完成的。

需要說明的是，我以前寫作慣常用的是「達流」這個筆名。沒有什麼高明的含義，只是覺得「陳偉」這名兒同名的太多了，容易引起誤會，這次，出版社的朋友想爲我正本清源，讓本名露一回臉，我想這也好。

最後，我要感謝這本書的讀者。當你翻開它時，你就成了我的朋友，我們的心是相通的。

陳偉

墨子的人生哲學—兼愛人生　　中國人生叢書 8

著　　者／陳偉
出　　版／揚智文化事業股份有限公司
發 行 人／葉忠賢
責任編輯／賴筱彌
執行編輯／范維君
文字編輯／劉孟琦
地　　址／台北市新生南路三段 88 號 5 樓之 6
電　　話／(02)2366-0309　2366-0313
傳　　真／(02)2366-0310
登 記 證／局版北市業字第 1117 號
印　　刷／偉勵彩色印刷股份有限公司
法律顧問／北辰著作權事務所　蕭雄淋律師
初版二刷／1998 年 5 月
定　　價／新臺幣：250 元

南區總經銷／昱泓圖書有限公司
地　　址／嘉義市通化四街 45 號
電　　話／(05)231-1949　231-1572
傳　　真／(05)231-1002

本書如有缺頁、破損、裝訂錯誤，請寄回更換
ISBN→957-9091-85-4
E-mail→ufx0309@ms13.hinet.net

國立中央圖書館出版品預行編目資料

墨子的人生哲學：兼愛人生／陳偉著. --
初版. --臺北市：揚智文化，1994〔民83〕
面；公分. --(中國人生叢書；8)
ISBN 957-9091-85-4 (平裝)

1. (周) 墨翟 - 學術思想 - 哲學

121.41　　83008909